DEUTSCH ALS FREMDSPRACHE NI

TANGRAM aktuell 3

Lektion 1 – 4

▶ Lehrerhandbuch

von

Rosa-Maria Dallapiazza
Eduard von Jan
Beate Blüggel
Anja Schümann
Elke Bosse
Susanne Haberland

Max Hueber Verlag

Quellenverzeichnis:

Umschlagfoto mit Freya Canesa, Susanne Höfer und Robert Wiedmann: Gerd Pfeiffer, München
Kopiervorlage 1/3: Gedicht von: Robert Gernhardt, Gedichte 1954–1997, © by Haffmanns Verlag AG, Zürich
Kopiervorlage 2/3: Bildkarten aus: Heidenhein/Fährmann, Bildkarten für den Sprachunterricht, Max Hueber Verlag
Kopiervorlage 4/2: Globus Infografik, Hamburg
Kopiervorlage 4/3: Foto 4 und 9: Deutsche Lufthansa AG, Pressestelle Köln; alle anderen: MHV-Archiv

3. 2. 1. | Die letzten Ziffern
2010 09 08 07 06 | bezeichnen Zahl und Jahr des Druckes.
Alle Drucke dieser Auflage können, da unverändert, nebeneinander benutzt werden.
1. Auflage

Zeichnungen: LYONN cartoons comics illustration, Köln
Verlagsredaktion: Hueber Polska, Agnieszka Mizak
Max Hueber Verlag, Annette Albrecht, Silke Hilpert
Produktmanagement und Herstellung: Astrid Hansen
Satz, Druck und Bindung: Ludwig Auer GmbH, Donauwörth
ISBN 10: 3-19-031818-2
ISBN 13: 978-3-19-031818-6

Zur Arbeit mit dem Lehrerhandbuch

Liebe Kursleiterin, lieber Kursleiter,
in diesem Lehrerhandbuch finden Sie alles, was Sie für einen abwechslungsreichen und erfolgreichen Unterricht brauchen.

Konzeption des Lehrwerks

Einleitend finden Sie eine ausführliche Vorstellung und Beschreibung der Konzeption von TANGRAM aktuell. Wir möchten Ihnen damit einen Überblick über den methodisch-didaktischen Ansatz des Lehrwerks geben und Ihnen den Einstieg in die Arbeit mit TANGRAM aktuell erleichtern.

Methodisch-didaktische Hinweise

Zusätzlich zur allgemeinen Konzeptbeschreibung erhalten Sie zu jeder einzelnen Kursbuchseite konkrete und kleinschrittige Vorschläge, Anregungen und Tipps für den Unterricht mit TANGRAM aktuell. Zur schnellen Orientierung sind jedem Arbeitsschritt wesentliche Informationen zum Focus, also dem Übungsschwerpunkt, und den benötigten Materialien vorangestellt:

Focus	Kontaktanzeige schreiben
Material	*Variante:* Zettel mit Adjektiven

Auch langsamere Lernergruppen werden durch Zwischenschritte in hellem Druck berücksichtigt und Varianten für internationale Kurse und für sprachhomogene Kurse vorgeschlagen. So können Sie den Unterricht an die individuellen Bedürfnisse Ihres Kurses anpassen.

Kurze Hinweise zu den Arbeitsbuchübungen geben einen Überblick über den Übungsschwerpunkt.
Kleine Piktogramme am Rand geben Aufschluss über die empfohlene Sozialform des jeweiligen Arbeitsschritts:

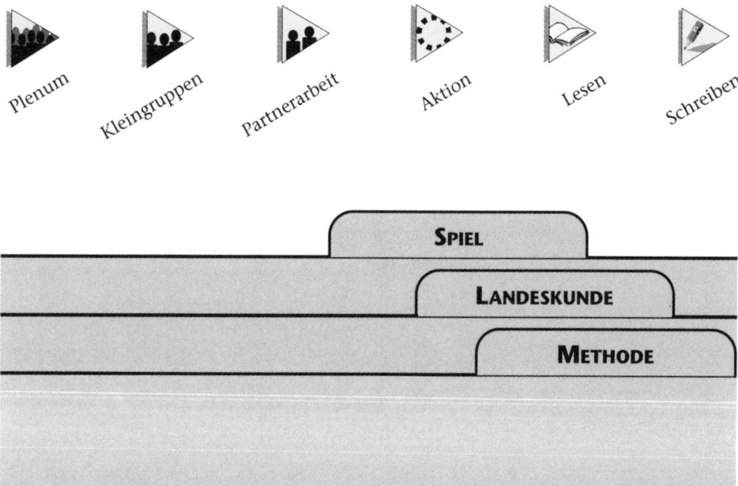

In deutlich abgesetzten Info-Kästen erhalten Sie außerdem weitere methodische Tipps, Hintergrundinformationen zur Landeskunde sowie Ideen für vielseitig einsetzbare Spiele.
Am Ende jeder Lektion finden Sie Vorschläge für auf den Lektionsinhalt abgestimmte Diktate.

Anhang

Hier finden Sie die Transkriptionen aller Hörtexte des Kursbuchs und des Arbeitsbuchs und weiteres Unterrichtsmaterial in Form von Kopiervorlagen zur individuellen Erweiterung Ihres Unterrichts.

Viel Erfolg und Freude beim Unterrichten mit TANGRAM aktuell wünschen Ihnen Autoren und Verlag.

Inhalt

Konzeption des Lehrwerks

Aufbau des Lehrwerks

TANGRAM aktuell ist die an den Referenzrahmen angepasste und überarbeitete Ausgabe von Tangram und ist für Lernende der Grundstufe konzipiert. Das Lehrwerk führt zur Niveaustufe B1 nach dem Gemeinsamen Europäischen Referenzrahmen. Es ist dem Globallernziel „kommunikative Kompetenz" und der Leitidee eines kommunikativen Unterrichts verpflichtet. Nicht nur die Hör- und Lesetexte, auch die vielfältigen Aufgaben und Übungen in Kursbuch und Arbeitsbuch orientieren sich an lebendiger Alltagssprache und fordern die Lernenden zur kreativen Auseinandersetzung mit den Inhalten und der Sprache heraus.

Die Komponenten von Tangram aktuell

TANGRAM aktuell führt in sechs Bänden zur Niveaustufe B1 *(Zertifikat Deutsch)* des Gemeinsamen Europäischen Referenzrahmens. Zusätzlich gibt es für Vorbereitungskurse auf das *Zertifikat Deutsch* einen eigenen prüfungsvorbereitenden Band Tangram Z.

Tangram aktuell	Niveaustufen des Europäischen Referenzrahmens	Prüfungen
Tangram aktuell 1 Lektion 1–4 **Tangram aktuell 1** Lektion 5–8	Niveau A1/1 Niveau A1/2 ▶ A1	*Start Deutsch 1* *Start Deutsch 1z*
Tangram aktuell 2 Lektion 1–4 **Tangram aktuell 2** Lektion 5–8	Niveau A2/1 Niveau A2/2 ▶ A2	*Start Deutsch 2* *Start Deutsch 2z*
Tangram aktuell 3 Lektion 1–4 **Tangram aktuell 3** Lektion 5–8	Niveau B1/1 Niveau B1/2 ▶ B1	*Zertifikat Deutsch*
Tangram Z	Zertifikatstraining	*Zertifikat Deutsch*

Jeder Band enthält das Kursbuch und das Arbeitsbuch mit der CD zum Arbeitsbuch sowie einen übersichtlichen Grammatikanhang und bietet Material für 50–80 Unterrichtseinheiten (Tangram Z für 80–120 Unterrichtseinheiten) je nach Ausgangssprache und Intensität, in der das Kurs- und Arbeitsbuch im Unterricht behandelt werden. Zusätzlich gibt es zu jedem Band Hörmaterialien auf CD / Kassette. Im Lehrwerkservice unter http://www.hueber.de/tangram-aktuell stehen weitere Übungen, interessante Landeskunde-Texte und methodisch-didaktische Tipps für die Unterrichtsvorbereitung sowie Online-Übungen für die Lernenden zur Verfügung.

Aufbau einer Lektion im Kurs- und Arbeitsbuch

Jeder Band von TANGRAM aktuell enthält vier Lektionen. Die jeweils letzte Lektion (= Lektion 8) am Ende einer Niveaustufe ist der Wiederholung und Vorbereitung auf die Prüfungen *Start Deutsch 1* und *2* bzw. *Zertifikat Deutsch* vorbehalten.

TANGRAM aktuell hat eine transparente, klare Struktur: Der Aufbau der Lektionen orientiert sich am Unterrichtsverlauf und ist so für Lehrende und Lernende leicht nachvollziehbar. Jede Lektion ist in mehrere Sequenzen unterteilt; jede Sequenz behandelt einen thematischen Aspekt in einem kompletten methodischen Zyklus:

- Präsentation neuer Sprache im Kontext
- Herausarbeitung von neuem Wortschatz und neuen Strukturen
- gelenktes Üben und freie Anwendung mit authentischen Sprech- und Schreibanlässen

In jeder Lektion wiederkehrende Bestandteile erleichtern die Orientierung beim Umgang mit Sprache und Lehrwerk:

Der Ton macht die Musik ist die Begegnung mit der Klangwelt der deutschen Sprache. Die phonetische Kompetenz der Lernenden wird hier durch eine Mischung imitativer, kognitiver und kommunikativer Elemente von Anfang an aufgebaut: im Kursbuch auf kreativ-spielerische Weise durch Lieder und Raps, im Arbeitsbuch durch das systematische Training von authentischer Intonation sowie von Lautpaaren und Einzellauten im Kontext von Wörtern, Sätzen, kleinen Dialogen und Versen mit dem bereits bekannten Wortschatz.

Zwischen den Zeilen bezieht bereits von der ersten Lektion an sehr behutsam die verschiedenen Nuancen und Varianten der deutschen Sprache sowie idiomatische Wendungen mit ein (z. B. Was macht Fragen freundlich? Wie kann Ärger oder Mitleid ausgedrückt werden? Unterschiede in gesprochener und schriftlicher Sprache, Gebrauch von Partikeln usw.). Die Phänomene, die hier aufgegriffen werden, beziehen sich jeweils auf Inhalte der Lektion.

Der **Cartoon** im Kursbuch als Schlusspunkt einer Lektion ist als motivierender Sprechanlass gedacht und bietet Möglichkeiten zu einer kreativen Wiederholung und Zusammenfassung der Lektion.

Kurz & bündig steht am Ende jeder Lektion im Kursbuch und eignet sich zur Wiederholung und zum Nachschlagen des Lernstoffs. In kontextualisierter Form sind hier die Grammatik und die wichtigsten Wörter und Wendungen zusammengefasst.

Zu jeder Lektion findet sich im Arbeitsbuch ein Selbsttest **Testen Sie sich!** zur selbstständigen Lernkontrolle der Lernenden, gemäß den Leitsätzen des Referenzrahmens, in denen Lernerautonomie als zentrales didaktisches Ziel formuliert wird. Diese Tests können selbstverständlich auch im Kurs als Abschlusstest gemacht und korrigiert werden.

In jeder Lektion im Arbeitsbuch können die Lernenden in der Rubrik **Selbstkontrolle** ihren Lernfortschritt anhand von Aussagen über vorhandene sprachliche Fähigkeiten selbst evaluieren. Diese Aussagen orientieren sich an den „Kann-Beschreibungen" des Referenzrahmens.

Der komplette **Lernwortschatz** der Lektion ist am Ende jeder Lektion im Arbeitsbuch übersichtlich zusammengefasst. Dadurch wird ein gezieltes Vokabeltraining ermöglicht. Eine aktive Auseinandersetzung mit den neuen Vokabeln findet durch das eigenständige Übersetzen in die Muttersprache statt.

Am Ende eines jeden Bands ermöglicht ein transparenter **Grammatikteil** anhand von einfachen Formentabellen und Beispielen die Orientierung über die grammatischen Strukturen.

Didaktischer Ansatz

TANGRAM aktuell führt die Lernenden anhand von authentischen Lese- und Hörtexten sowie authentischen, an den Interessen und sprachlichen Bedürfnissen der Lernenden ausgerichteten Sprech- und Schreibanlässen aktiv an die neue Sprache heran. Ziel ist nicht der theoretische und häufig noch grammatikorientierte Spracherwerb, sondern die kommunikative Kompetenz und die sprachliche Handlungsfähigkeit der Lernenden.

Neue Strukturen erarbeiten die Lernenden nach dem Prinzip der gelenkten Selbstentdeckung eigenständig: Durch eine **induktive Grammatikarbeit** werden die Lernenden befähigt, sprachliche Strukturen und Gesetzmäßigkeiten zu reflektieren, selbst zu erschließen und in Regeln zusammenzufassen. Dabei helfen ihnen die Grammatikkästen, in denen die Regeln oder Formen schon vorformuliert sind. Diese Regelformulierungen sind im Sinne einer Lernergrammatik didaktisch reduziert, beziehen sich auf den jeweils erreichten Sprachstand und erheben keinen Anspruch auf eine umfassende Sprachstandsbeschreibung im linguistischen Sinne. Die Lernenden können diese Grammatikkästen eigenständig oder auch mit Hilfe der Kursleitenden/des Kursleitenden ergänzen und sind damit aktiv in die Erarbeitung einer neuen Struktur eingebunden. Dadurch verstehen und behalten sie die Grammatik besser.

Der Phase der Erarbeitung folgt eine gelenkte Übungsphase, in der das Entdeckte sich verfestigen kann. Durch lernerorientierte Aufgabenstellungen in Gesprächen und Rollenspielen werden die neuen Strukturen dann situativ eingebettet angewendet.

Neben den Grammatikkästen ermöglichen so genannte **Infoboxen** als „kommunikative Sprungbretter" den unmittelbaren Gebrauch von wichtigen sprachlichen Strukturen aus einem konkreten Sprechanlass heraus. Die Lernenden sollen sich hier auf die Inhalte konzentrieren und die dafür notwendigen Redemittel „griffbereit" haben. Eine grammatische Vertiefung ist an dieser Stelle nicht beabsichtigt.

Ersatzform: „von" + DAT
der Umtausch von Geld
das Organisieren von Ausflügen
die Einsätze von Schutzpolizei und Kripo
die Reparatur von Schäden
der Austausch von Teilen

Die neuen Strukturen können im Arbeitsbuch anhand von zahlreichen Übungen geübt und vertieft werden. Das Verweissystem in Kurs- und Arbeitsbuch gibt dabei eine Hilfestellung für eine sinnvolle Reihenfolge der Arbeitsschritte.

Neuer **Wortschatz** wird nach Möglichkeit in Wortfeldern und am thematischen Schwerpunkt der Lektion ausgerichtet eingeführt (z. B. TANGRAM aktuell 3, Lektion 1, Auf Partnersuche: Wortfeld „Aussehen und persönliche Eigenschaften"). Ein besonderes Gewicht erhält die im Deutschen so wichtige Wortbildung. Sie ermöglicht den Lernenden bereits von Beginn an einen differenzierten „Wort-Schatz" und regt zum kreativen Ausprobieren der Sprache an.

Auch beim Wortschatztraining steht das aktive Einbeziehen der Lernenden in den Lernprozess im Vordergrund: Zahlreiche Tipps zum systematischen Wortschatzlernen werden in der Rubrik **Lerntipp** (siehe auch unten) gegeben. Am Ende einer jeden Lektion können sich die Lernenden den Lernwortschatz durch das selbstständige Übersetzen in die Ausgangssprache erarbeiten. Was man selbst tut, behält man am besten!

In TANGRAM aktuell findet sich ein ausgewogenes Verhältnis von Lese- und Hörtexten und Sprech- und Schreibanlässen. Alle **Fertigkeiten** werden anhand von authentischem Material und interessanten, abwechslungsreichen Kontexten geübt. Von Beginn an werden gezielt Strategien zu allen Fertigkeiten vermittelt.

Verständliche Aussprache und natürliche Intonation sind für eine erfolgreiche Kommunikation oft wichtiger als grammatikalische Korrektheit. Deshalb sollte von Anfang an und in enger Verbindung mit dem Fertigkeitstraining und der Grammatik- und Wortschatzarbeit auch eine gezielte und gründliche Schulung von **Aussprache und Intonation** erfolgen. Der Satzakzent und die Satzmelodie sind daher in den Beispieldialogen markiert und erleichtern so den Lernenden die korrekte Intonation.

Zusätzlich zum integrierten, die Texte und Übungen begleitenden Phonetik-Training finden sich im Kursbuch Raps, Lieder, Reime und offene Dialoge, die den neuen Wortschatz und die neuen Strukturen noch einmal in kreativ-spielerischer Weise präsentieren und durch starke Rhythmisierung den Charakter des Deutschen als „akzentzählende" Sprache betonen.

Das Arbeitsbuch bietet ein systematisches Training von Einzellauten – natürlich im Kontext von Wörtern, Sätzen und kleinen Dialogen, unter Berücksichtigung der Beziehung zwischen Schreibung und Aussprache und abgestimmt auf Wortschatz und Strukturen der bisherigen Lektionen. Im Unterschied zu den meisten anderen Übungen im Arbeitsbuch sollte dieser Teil im Unterricht behandelt werden. In sprachhomogenen Gruppen kann sich das Phonetik-Training natürlich auf die Laute beschränken, die den Teilnehmern (TN) Schwierigkeiten bereiten. Durch die integrierte Audio-CD können sich Lernende insbesondere in internationalen Kursen auch eigenständig und individuell mit den Lauten befassen, die für sie schwierig sind.

Ausgewiesene **Lerntipps** vermitteln wichtige Techniken für das selbstständige Arbeiten und helfen den Lernenden, neuen Wortschatz auf systematische Weise zu verarbeiten und Lernhilfen, z. B. das Wörterbuch oder den Grammatikanhang, zu nutzen.

Von TANGRAM aktuell 1, Lektion 5–8 an gibt es gestreut über die Lektionen Anregungen für **Kursprojekte**. Damit wird für die Lebendigkeit des Unterrichts und eine Anbindung an die Realität außerhalb des Klassenzimmers gesorgt.

Info-Kästen und Kopiervorlagen

Die erste Unterrichtsstunde

Bevor Sie anfangen ...

Wer gerne lernt, lernt besser! Deutsch lernen soll deshalb auch Spaß machen.
Informieren Sie sich, wie viele TN ungefähr im Kurs zu erwarten sind. Schauen Sie sich vor Kursbeginn den Klassenraum an: Wie ist die Anordnung der Stühle und Tische? Kann man hier gut miteinander arbeiten und lernen? Haben die TN Blickkontakt zueinander?
Oft ist es sinnvoll, für verschiedene Arbeits- und Übungsformen unterschiedliche Sitzordnungen zu wählen, z. B.

* für Gespräche oder gegenseitiges Befragen in der Gesamtgruppe
* für die Arbeit in Kleingruppen

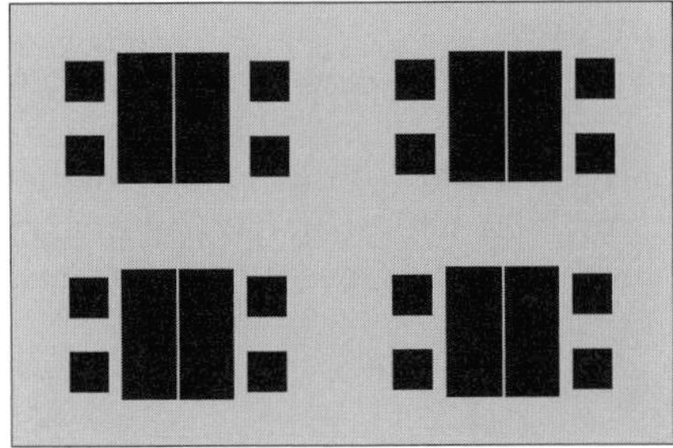

* für kleine Kursgruppen

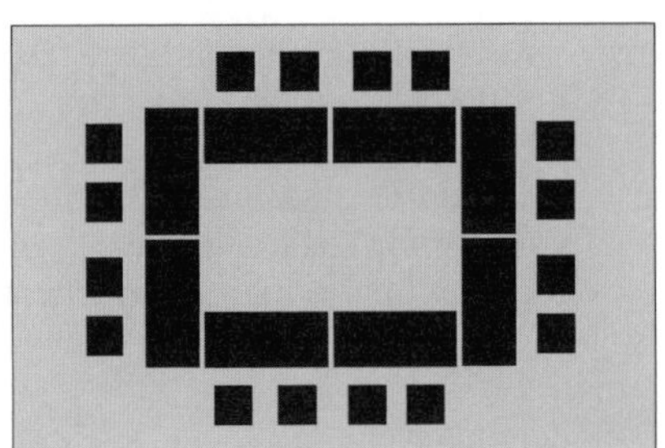

Wenn Sie die Tischordnung während des Unterrichts nicht verändern können, dann stellen Sie Tische und Stühle

bitte so

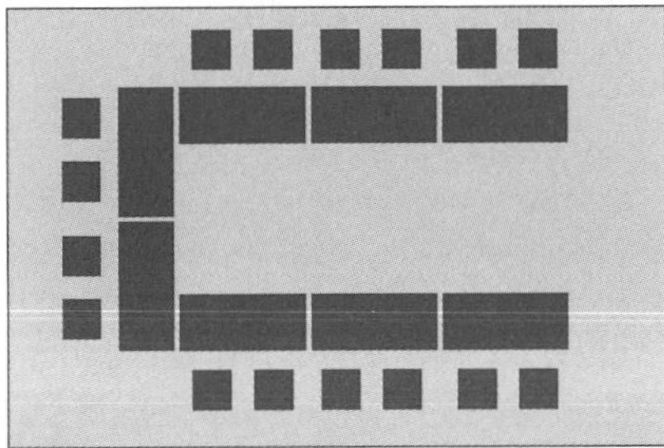

oder so

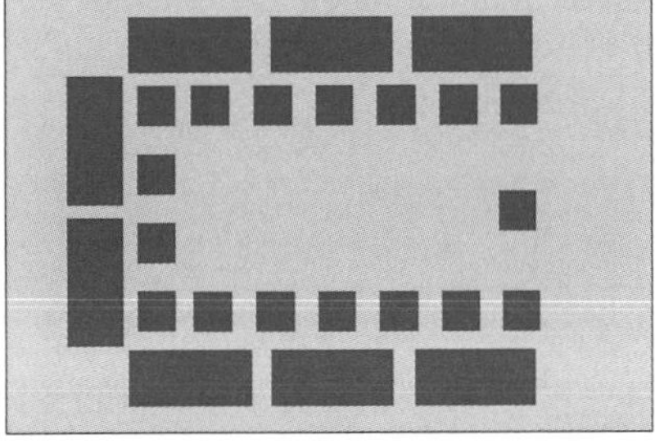

aber möglichst nicht so

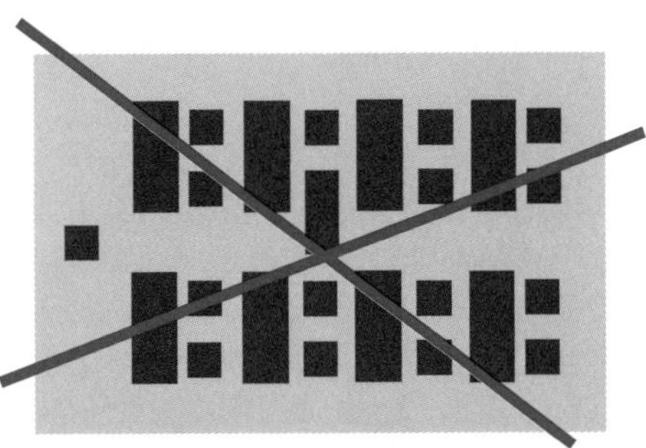

Der Unterricht beginnt ...

Ihre Gruppe setzt sich ganz neu zusammen und hat bereits Grundkenntnisse in der deutschen Sprache. Das bedeutet, dass sich die TN über die einfachen Vorstellungsrunden hinaus bereits nach weiteren Informationen befragen können. Von den traditionellen Reihum-Vorstellungsrunden raten wir ab: Sehr schnell hören die Teilnehmer dann gar nicht mehr auf die Namen bzw. die Informationen der anderen, sondern konzentrieren sich darauf, was sie selber sagen wollen, wenn sie an der Reihe sind. Hier sind ein paar Vorschläge für den Einstieg. Bei diesen Einstiegsspielen ist es auch immer schön, wenn Sie selbst sich in irgendeiner Form beteiligen, d. h. vielleicht mit einem TN ein Partnerinterview machen (bei ungerader TN-Zahl) oder sich von den TN nach der Vorstellungsrunde befragen lassen.

Variante 1:
Stummes Interview

Die TN arbeiten in Paaren und sollen sich innerhalb einer vorgegebenen Zeit (ca. 3 Minuten) gegenseitig über ihren Beruf, ihre Hobbys, ihre familiäre Situation etc. Fragen stellen und Informationen geben – aber all dies nur mit Mitteln der Mimik, Gestik und Pantomime und Zeichensprache, ohne ein Wort zu reden.
Geben Sie dazu selbst ein paar Beispiele:
- Schwimmbewegungen und begeistert nicken = „ich schwimme gerne"
- Auf den Ehering deuten = „ich bin verheiratet"
- Mit der Hand die Größe eines Kindes andeuten und zwei Finger hochhalten = „ich habe zwei Kinder" oder auch „ich habe ein zweijähriges Kind"

Während des „stummen Interviews" sollte keinesfalls gesprochen werden, der KL sollte immer wieder – am besten mit Mimik und Gestik – an diese Regel erinnern. Im Anschluss an das „stumme Interview" berichtet jeder TN im Plenum, was er glaubt über seinen Partner herausgefunden zu haben; eventuelle Missverständnisse lassen sich dabei klären.

Variante 2
Cocktail-Party

Die TN befinden sich auf einer Cocktail-Party. Wenn Sie Zeit und Lust haben, können Sie für Ihren Kurs dazu auch Erfrischungsgetränke reichen, um die Atmosphäre realistischer und aufgelockerter zu gestalten. Jeder TN muss nun innerhalb einer Viertelstunde mit möglichst vielen anderen TN plaudern und dabei drei Gemeinsamkeiten herausfinden. Im Plenum stellt nun jeder TN einen anderen vor und nennt diese Gemeinsamkeiten. Achten Sie darauf, dass alle TN vorgestellt werden. Variante: Um dieses Kennenlernspiel etwas mehr zu steuern, können Sie auch einen Fragekatalog mit etwas anderen Fragen oder Stichwörtern (z. B. Schuhgröße, Sternzeichen, Lieblingshausarbeit, Lieblingsbuch etc.) vorgeben. Jeder TN darf einem anderen TN nur max. drei Fragen aus diesem Fragekatalog stellen. Ziel ist es auch hier, Leute zu finden, mit denen man etwas gemeinsam hat.

Variante 3
Namen-Spiele

Ein sprachlich anspruchsvolles Spiel, wobei die TN mit ihrem jeweiligen Nachbarn versuchen möglichst viele Adjektive zu finden, die mit dem gleichen Buchstaben des jeweiligen Vornamens beginnen und die jeweilige Person beschreiben, z. B. Maria – mutig, müde, melancholisch, mitteilsam ... Variante: Um eine größere Varietät zu ermöglichen, kann das Spiel auch mit allen Buchstaben des Vornamens gemacht werden, d. h. es müssen zu allen Buchstaben des Vornamens Adjektive gefunden werden, die die Person beschreiben.
Eine andere Möglichkeit ist, den Familiennamen in die Kennenlernphase zu integrieren und möglichst viele Bedeutungen zu finden, die etwas über die Herkunft des Familiennamens aussagen: Land, Region, u. U. Beruf etc.

Gruppen bilden
Der Unterricht wird abwechslungsreicher, wenn Sie häufig zwischen Plenum, Stillarbeit, Partnerarbeit und Kleingruppenarbeit wechseln und wenn Ihre TN die Möglichkeit haben, mit verschiedenen Partnern zusammenzuarbeiten. Keinesfalls sollte die in der ersten Stunde zufällig entstandene Sitzordnung darüber bestimmen, wer für den Rest des Kurses mit wem zusammenarbeitet. Hier einige Tipps, wie Sie Gruppen bilden lassen können:

1 Sie wollen Paare bilden? Die TN zählen ab, z. B. bei einer Gruppe von 14 TN von 1–7 oder bei einer Gruppe von 10 TN von 1–5: Jeder sagt eine Zahl, dann arbeiten die Einser, Zweier usw. zusammen. Das Gleiche geht auch mit dem Alphabet, z. B. bei 14 TN von A bis G abzählen, dann arbeiten die TN mit A, die TN mit B usw. zusammen.
  Sie wollen Dreiergruppen bilden? Teilen Sie die Zahl der TN durch 3 – bei 15 TN also 5 – und lassen Sie von 1–5 abzählen.
2 Verteilen Sie Knöpfe oder Münzen: Die TN mit den gleichen Knöpfen bzw. Münzen arbeiten zusammen.
3 Verteilen Sie Kärtchen – immer zwei (oder mehrere) passen zusammen.
  * mit Zahlen, Symbolen oder Farben
  * mit bekannten Strukturen: Kärtchen A: „Wie geht's?", Kärtchen B: „Danke gut."; Kärtchen C: „Wie heißt du?", Kärtchen D: „Ich heiße Tobias." usw. Wenn in den ersten Stunden noch wenige Strukturen zur Auswahl stehen, verteilen Sie mehrere Kopien der gleichen Kärtchenpaare.
  * mit Redewendungen oder Sätzen, z. B. Kärtchen A: „Was sind Sie ...", Kärtchen B: „... von Beruf?"
  * aus dem Bereich der Grammatik, z. B. Kärtchen A: Infinitiv, Kärtchen B (und C, D...): eine andere Verbform (heißen – ich heiße – er heißt).
4 gruppenbezogen: Die TN finden sich in Paaren, Dreier- oder Vierergruppen nach vorgegebenen Kriterien, z. B. Schuhgröße, Körpergröße, Alter, Sternzeichen, Kleidungsfarben usw.
  Auch eine gezielte Zusammenstellung von Kleingruppen (z. B. Tandem-Modell: Ein „guter" und ein „schwacher" TN arbeiten zusammen; oder in internationalen Kursen die Kombination von TN unterschiedlicher Nationalität) ist oft besser als die Aufforderung „Arbeiten Sie mit Ihrem Nachbarn/Ihrer Nachbarin zusammen."

Gruppenergebnisse auswerten
Beim Bericht über die Arbeitsergebnisse von Kleingruppen im Plenum sprechen meist nur die TN, die ohnehin zu den Aktiven zählen. Oft ist diese Plenumsphase ermüdend, da sich die Ergebnisse wiederholen. Hier einige Vorschläge, um die Auswertungsphase interessanter zu machen und möglichst alle TN einzubeziehen.

Mischgruppen
Phase 1 – Die Gruppenarbeit findet in möglichst gleich großen Kleingruppen statt (z. B. 5 Gruppen à 3 TN). Jeder TN hält die Arbeitsergebnisse seiner Kleingruppe fest. Dann wird in jeder Gruppe reihum abgezählt (bei Dreiergruppen also von eins bis drei; Alternative: vorbereitete Buchstabenkärtchen (A-B-C). Jeder TN hat jetzt eine Zahl bzw. einen Buchstaben.

Phase 2 – Lassen Sie nun neue Gruppen bilden: Alle TN mit der gleichen Zahl bzw. dem gleichen Buchstaben arbeiten zusammen und berichten sich gegenseitig von den Arbeitsergebnissen der vorherigen Kleingruppenarbeit (bei unserem Beispiel gibt es also jetzt 3 Gruppen à 5 TN). Für diese Auswertungsphase können Sie auch zusätzliche Aufgaben stellen, z. B. eine Auswertung nach Gemeinsamkeiten bzw. Unterschieden. Interessanter und anspruchsvoller wird die zweite Phase der Gruppenarbeit, wenn in der ersten Phase in den Kleingruppen unterschiedliche Aufgaben bearbeitet wurden (z. B. unterschiedliche Abschnitte des gleichen Textes, d. h. jede Gruppe erhält den gleichen Textausschnitt, oder unterschiedliche Fragestellungen zu einem Hörtext) und in der zweiten Phase dann die jeweiligen Teilergebnisse zusammengefasst werden (z. B. Rekonstruktion des kompletten Textes aus den Textteilen oder Beantwortung aller Fragen zum Hörtext).

Präsentation
Phase 1 – Lassen Sie so viele Kleingruppen bilden, dass die Zahl der Kleingruppen möglichst genauso groß ist wie die TN-Zahl in einer Kleingruppe (bei 16 TN also 4 Gruppen à 4 TN, bei 15 TN 3 Gruppen à 4 TN und 1 Gruppe à 3 TN, bei 17 TN 3 Gruppen à 4 TN und 1 Gruppe à 5 TN usw.). Die Kleingruppen halten ihre Arbeitsergebnisse auf einem Plakat fest (Beschriftung in großer Schrift mit dicken Filzstiften) und hängen die Plakate an verschiedenen Stellen des Unterrichtsraumes auf.

Phase 2 – Lassen Sie durch Abzählen oder durch Buchstabenkärtchen neue Gruppen bilden (s. o.). Eventuell „überzählige" TN (nur 1 oder 2 TN mit der Zahl 4/5 bzw. den Buchstaben D/E) schließen sich einer der Gruppen an. Die neuen Gruppen versammeln sich um jeweils ein Plakat. Der TN, der an diesem Plakat mitgearbeitet hat, präsentiert jetzt in ca. zwei Minuten die Ergebnisse. Geben Sie ein akustisches Zeichen (Hintergrundmusik unterbrechen, Glocke, Klopfen): Die Gruppen beenden das Gespräch und wandern zum nächsten Plakat weiter, wo ein anderer TN die Präsentation übernimmt.

Schneeball
Der Schneeball zur Auswertung von Partnerarbeit und als Alternative zu Brainstorming-Aktivitäten im Plenum ist besonders geeignet für alle Aufgaben, bei denen die TN Wörter oder Ideen zu einem Thema sammeln und/oder nach Wichtigkeit ordnen sollen.

Phase 1 – Sammeln und Ordnen in Partnerarbeit.

Phase 2 – Zwei Paare kommen zusammen und bilden eine Vierergruppe. Sie vergleichen ihre Listen, streichen Doppelbenennungen und einigen sich auf eine Rangfolge.

Phase 3 – Zwei Vierergruppen kommen zusammen und bilden eine Achtergruppe. Sie vergleichen ihre Listen, streichen Doppelbenennungen, einigen sich auf eine Rangfolge und dokumentieren ihre Ergebnisse auf Plakat oder OHP-Folie.

Phase 4 – Präsentation und Vergleich der Ergebnisse im Plenum.

A Auf Partnersuche ...

Kontaktanzeigen

A 1 Kopiervorlage 1/1 „Typisch Mann? – Typisch Frau?" *(Zusatzübung)*
A 4 OHP-Folie von KB-Seite 3 (A4 und A5)
A 6 Kärtchen mit den Namen berühmter Liebespaare
A 7 Zettel mit Adjektiven *(Variante)*

Arbeitsbuch 1–3 *(vor Kursbuch A1!):* Wortschatz: Adjektive zur Beschreibung von Personen
1 Zuordnung von Adjektiven: „Aussehen" und „persönliche Eigenschaften" (Partnerarbeit)
2 Ableitung von Adjektiven aus Nomen und Ergänzung der Liste von Übung 1 (Partnerarbeit oder Hausaufgabe)
3 Zuordnung von Adjektiven, die das Gegenteil ausdrücken (Partnerarbeit oder Hausaufgabe)

A 1 Focus Einstieg ins Thema „Partnersuche": über Sympathie und Antipathie sprechen; Vermutungen über Paarkonstellationen äußern
Material *Zusatzübung:* vergrößerte, zerschnittene Kopien von Kopiervorlage 1/1 „Typisch Mann? – Typisch Frau?"

1. Fragen Sie die TN: „Mit welchen Adjektiven kann man Personen beschreiben?" und sammeln Sie die Antworten an der Tafel. Wenn Sie die Übung 1 im Arbeitsbuch vorgeschaltet haben, ist dieser Schritt nicht nötig.

positiv +	neutral 0	negativ -

2. Betrachten Sie gemeinsam mit den TN die Fotos auf der Einstiegsseite und fragen Sie: „Wie finden Sie die Personen?", „Welche Person finden Sie sympathisch?" Lassen Sie ein bis zwei freiwillige TN antworten und fragen Sie nach einer Begründung für die jeweilige Entscheidung.

3. Regen Sie ein Gespräch über Paarkonstellationen an, indem Sie sagen: „Ich finde, der Mann mit den Inlineskates passt gut zu der Frau mit dem weißen T-Shirt oben links", und fordern Sie ein bis zwei TN auf, weitere Vorschläge zu Paarkonstellationen zu machen und diese zu begründen. Bei Schwierigkeiten verweisen Sie auf den Beispieldialog. Die TN diskutieren dann in Gruppen. Abschließend präsentiert jede Gruppe „ihre Paare" im Plenum und begründet ihre Wahl.
4. Fragen Sie die TN „Was meinen Sie: Wie müssen zwei Menschen sein, damit sie als Paar gut zusammenpassen?" und notieren Sie die Antworten in Stichwörtern an der Tafel.
5. Deuten Sie auf die beiden Sprichwörter auf KB-Seite 1 oben links und fragen Sie nach ihrer Bedeutung. Vielleicht können die TN sie selbst erklären. Bei Verständnisschwierigkeiten helfen Sie mit Beispielen (z. B. unterschiedlicher Charakter, gleiche Interessen, ähnlicher Beruf, gleiches Alter etc.). Bitten Sie die TN, sich für eine der beiden Positionen oder für eine neutrale Position („Beides ist richtig") zu entscheiden und drei entsprechende Gruppen (1. gleich und gleich; 2. Gegensätze; 3. beides) zu bilden. Fordern Sie sie auf, Argumente und Beispiele für ihre Position zu sammeln. Machen Sie die TN darauf aufmerksam, dass man die Sprichwörter sowohl auf Äußerlichkeiten als auch auf Charaktereigenschaften beziehen kann. Anschließend diskutieren die Gruppen im Plenum. Interessante Fragen wären z. B.: „Wie wichtig sind Aussehen und Alter?", „Was muss *unbedingt* zusammenpassen?"
Zusatzübung: Teilen Sie den Kurs in reine Männer- und Frauengruppen ein. Lassen Sie die Männer „typisch weibliche" und die Frauen „typisch männliche" Eigenschaften sammeln. Verteilen Sie dann die zerschnittenen Kopien (Kopiervorlage 1/1) an die Gruppen: Die Männer bekommen den Text über die Frauen und die Frauen den Text über die Männer. Lassen Sie die Gruppen dann aus den zuvor gesammelten Eigenschaften einen ähnlichen, kurzen Text über das andere Geschlecht schreiben. Der verteilte Text kann als Vorlage dienen. Anschließend tragen die Gruppen ihre Ergebnisse im Plenum vor, vergleichen und diskutieren sie miteinander. Ziel dieser Übung ist es nicht, eindeutige, wissenschaftlich nachweisbare Aussagen zu finden, sondern darüber zu diskutieren und auf diese Weise vielleicht auch vorhandene Klischees zu relativieren.

A 2 Focus globales und totales Leseverständnis: Kontaktanzeigen

1. Zeichnen Sie einen Wortigel mit dem Wort „Partnersuche" an die Tafel; die Bücher bleiben noch geschlossen. Fragen Sie die TN: „Wie kann man einen Partner / eine Partnerin finden?" Sollten die TN keine eigenen Ideen haben, dann geben Sie ein Beispiel vor (z. B. bei der Arbeit). Sammeln Sie die Vorschläge an der Tafel. Sollte die Möglichkeit „Kontaktanzeige" nicht genannt werden, gehen Sie noch nicht darauf ein, sondern lassen Sie die TN diese Möglichkeit anhand des Lesetextes selber entdecken.

2. Die TN betrachten die Anzeigentexte und lesen gemeinsam die Aufgabenstellung. Klären Sie den Begriff „Rubrik" anhand der Beispiele, indem Sie die TN mögliche Themen / Informationen nennen lassen, die unter der jeweiligen Rubrik zu finden sind. Fragen Sie dann: „Zu welcher Rubrik gehören die Texte?" Geben Sie den TN Zeit, die Antwort zu finden und die Lösung im Buch anzukreuzen. Anschließend vergleichen Sie das Ergebnis im Plenum.

Lösung: Kontakte

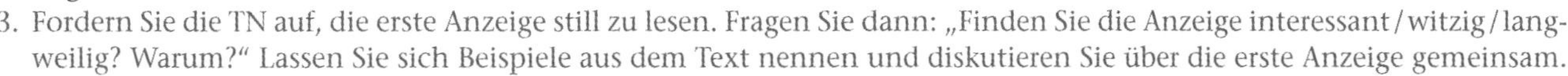

3. Fordern Sie die TN auf, die erste Anzeige still zu lesen. Fragen Sie dann: „Finden Sie die Anzeige interessant / witzig / langweilig? Warum?" Lassen Sie sich Beispiele aus dem Text nennen und diskutieren Sie über die erste Anzeige gemeinsam.

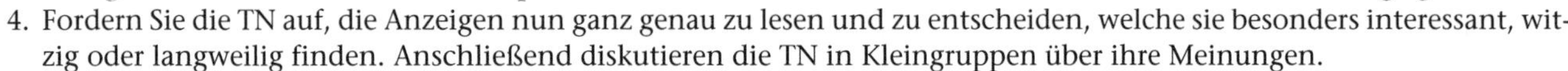

4. Fordern Sie die TN auf, die Anzeigen nun ganz genau zu lesen und zu entscheiden, welche sie besonders interessant, witzig oder langweilig finden. Anschließend diskutieren die TN in Kleingruppen über ihre Meinungen.

> **Internationale Kurse**: Der Kurs wird in Gruppen mit je höchstens 4–5 TN gleicher Nationalität oder ähnlicher kultureller Herkunft eingeteilt. Thema der Gruppenarbeit ist: „Wie funktioniert die Partnersuche bzw. Paarbildung in unserem Heimatland? Beschreiben Sie zehn typische ‚Stationen' vom ersten Kennenlernen zweier Menschen bis zur ersten gemeinsamen Wohnung." Aufgabe ist es nun, sich innerhalb der Gruppe auf ein „10-Punkte-Programm" zu einigen, z. B.:
> Ein Mann und eine Frau lernen sich auf einer Party kennen.
> Der Mann fragt sie nach ihrer Telefonnummer und ruft sie ca. drei Tage später an. ...
> Anschließend präsentiert ein TN aus jeder Gruppe die Ergebnisse im Plenum. Die anderen dürfen Fragen stellen. Die kulturellen Besonderheiten und Unterschiede, die sich bei dieser Aufgabe abzeichnen, sind für alle TN interessant und eignen sich hervorragend als Diskussionsanlass.
>
> **Sprachhomogene Kurse**: Die Gruppen bekommen dieselbe Aufgabenstellung wie oben. Die Hälfte der Gruppen behandeln das Thema unter der Fragestellung „Wie ist das heute?", die andere Hälfte überlegt: „Wie war das vor 50 Jahren?" Anschließend werden die Ergebnisse im Plenum präsentiert und diskutiert.

A 3 Focus globales und selegierendes Hörverständnis: Drei Personen stellen sich vor; Notizen machen

1. Fordern Sie die TN auf, die Aussagen im Buch zu lesen. Klären Sie wenn nötig die Begriffe „Heiratsinstitut" (kommerzielle Institution zur Partnervermittlung) und „Therapiegruppe" (Menschen, die ähnliche Probleme haben, treffen sich und reden unter psychotherapeutischer Anleitung miteinander). Bevor Sie den ersten Abschnitt des Hörtextes vorspielen, bitten Sie die TN, darauf zu achten, wo sich die Personen befinden *(Institut, Videoclips von anderen Kunden, Partnersuche)*. Die TN markieren nach dem Hören ihre Hypothese. Sie vergleichen und begründen ihre Antwort anschließend im Plenum.

Lösung: Heiratsinstitut

2. Erklären Sie die Aufgabe, indem Sie das im Buch abgebildete Raster an die Tafel schreiben oder auf OHP-Folie präsentieren und fordern Sie die TN auf, ein entsprechendes Raster in ihr Heft zu übertragen.
3. Spielen Sie den Hörtext von Heike vor. Stoppen Sie nach der ersten Hälfte und lassen Sie sich von den TN die Informationen zu Alter und Familienstand nennen. Notieren Sie beides an der Tafel. Spielen Sie nun die zweite Hälfte vor. Werten Sie die Ergebnisse im Plenum aus und ergänzen Sie die von den Gruppen genannten Informationen an der Tafel (Lösungen vgl. Schritt 4). Sollte es Unsicherheiten geben, spielen Sie den Hörtext ein weiteres Mal vor.

4. Spielen Sie die (weiteren) Hörtexte wenn nötig mit Pausen vor. Geben Sie den TN genügend Zeit, um die Informationen zu ergänzen. Im Anschluss vergleichen die TN ihre Ergebnisse mit ihrem Nachbarn, bei Unstimmigkeiten im Plenum. Notieren Sie die endgültige Lösung an der Tafel. Die Auswertung der Ergebnisse können Sie auch den Lernern übertragen, indem Sie nach dem Vergleich in Partnerarbeit ein freiwilliges Paar seine Lösung an die Tafel schreiben und im Plenum diskutieren lassen.

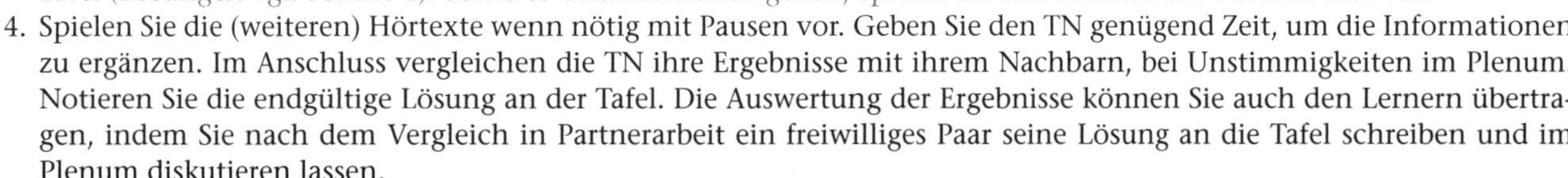

Lösung: **1** Heike, 34, ledig, eine Tochter; mit Mareike spielen; malen; kochen; lieb, Aussehen egal; er soll beide lieben, wie sie sind; interessant; **2** Phillip, 36; Redakteur bei kleiner Tageszeitung; ledig; Kino; Theater, Kunstausstellungen; zuverlässig; humorvoll; **3** Werner; Besitzer eines Elektro-Ladens; geschieden; es sich zu Hause gemütlich machen, raus in die Natur gehen; lieb, Kinderwunsch

5. Fordern Sie die TN auf, einen passenden Partner / eine passende Partnerin für Heike, Phillip und Werner in den Anzeigen von A2 zu suchen. Die TN unterstreichen in Stillarbeit die Informationen, mit denen sie ihre Partnerwahl begründen, und diskutieren ihre Vorschläge anschließend in Kleingruppen. Innerhalb der Gruppe sollte eine Einigung erzielt werden. Anschließend präsentieren die Gruppen ihre Partnerwahl mit den entsprechenden Begründungen.

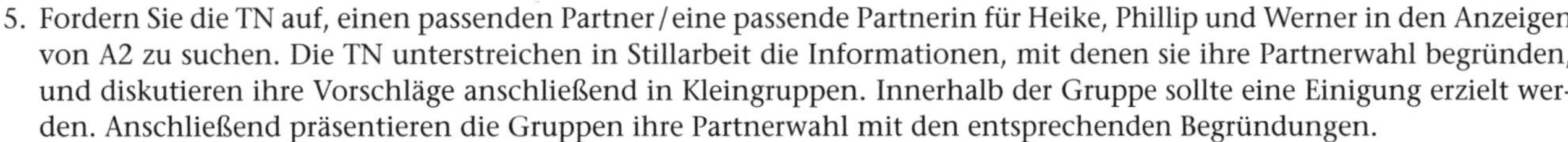

Lösungsvorschlag: **Person 1** (Heike): C (Alter; Künstler = interessanter Beruf; gutes Essen); **Person 2** (Phillip): A (zuverlässig; humorvoll; Kultur; dauerhafte Beziehung); **Person 3** (Werner): D (harmonisches Familienleben; auf dem Lande; ohne finanzielle Probleme; häuslich; naturverbunden)

A 4 Focus Grammatik: Systematisierung von reflexiven Verben und Reflexivpronomen im Akkusativ
Material OHP-Folie von KB-Seite 3 (A4 und A5)

1. Erläutern Sie die Aufgabenstellung, indem Sie die TN anhand des Beispielsatzes darauf aufmerksam machen, dass die Sätze mit Hilfe der Texte von A2 zu ergänzen sind. Machen Sie bei Bedarf das zweite Beispiel gemeinsam.
2. Die TN suchen die fehlenden Informationen der restlichen Sätze im Text und ergänzen diese im Raster. Notieren Sie die von den TN genannten Lösungen auf der OHP-Folie.

Lösung: **2** Ich freue mich auf deine Post.; **3** Welche Frauen interessieren sich für Kino, Wandern und Tanzen?; **4** Meldet euch ganz schnell unter Chiffre 7712.; **5** Ärgere dich nicht über deine Figur.; **6** Möchtest du dich auch mal wieder richtig verlieben?; **7** Wir melden uns ganz bestimmt.; **8** Sportstudent will sich endlich vom Single-Leben verabschieden.; **9** Welches ... Mädchen möchte sich auch verlieben?; **10** Dann freuen Sie sich – wie ich – schon jetzt auf das erste Treffen!

3. Die TN ergänzen mit Hilfe der Sätze 1 bis 10 die Reflexivpronomen im Akkusativ und vergleichen anschließend ihr Ergebnis in Partnerarbeit, dann im Plenum mit Ergänzung auf der Folie durch Sie.

Lösung (von links nach rechts): mich; dich; sich; uns; euch; sich; sich

A 5 Focus Regelfindung zu den reflexiven Verben und Reflexivpronomen
Material OHP-Folie von KB-Seite 3 (A4 und A5)

1. Fordern Sie die TN auf, die Regeln in Partnerarbeit zu ergänzen. Beim anschließenden Vergleich im Plenum fügen Sie die fehlenden Begriffe auf der OHP-Folie hinzu.

Lösung: **1** Verben mit Reflexivpronomen nennt man *reflexive Verben.* Das *Reflexivpronomen* zeigt zurück auf das Subjekt ...; 2 Das Reflexivpronomen für sie/er/es im Singular und für sie/Sie im Plural heißt *sich.*

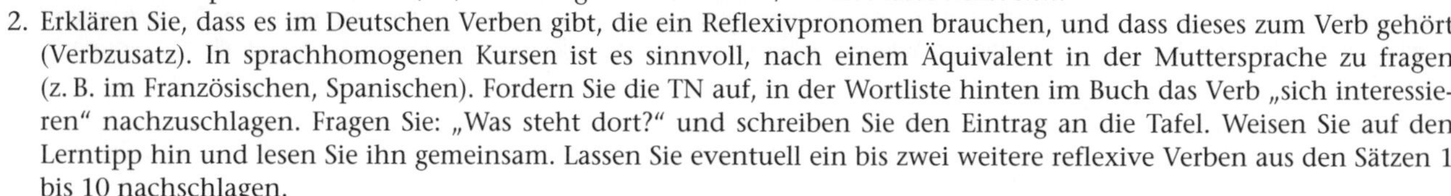

2. Erklären Sie, dass es im Deutschen Verben gibt, die ein Reflexivpronomen brauchen, und dass dieses zum Verb gehört (Verbzusatz). In sprachhomogenen Kursen ist es sinnvoll, nach einem Äquivalent in der Muttersprache zu fragen (z. B. im Französischen, Spanischen). Fordern Sie die TN auf, in der Wortliste hinten im Buch das Verb „sich interessieren" nachzuschlagen. Fragen Sie: „Was steht dort?" und schreiben Sie den Eintrag an die Tafel. Weisen Sie auf den Lerntipp hin und lesen Sie ihn gemeinsam. Lassen Sie eventuell ein bis zwei weitere reflexive Verben aus den Sätzen 1 bis 10 nachschlagen.

Arbeitsbuch 4–5: Anwendungsübungen zu den reflexiven Verben und Reflexivpronomen im Akkusativ
4 Grammatik: Reflexivpronomen ergänzen (Partnerarbeit oder Hausaufgabe)
5 Syntax: Wörter in die richtige Reihenfolge bringen (Stillarbeit oder Hausaufgabe)

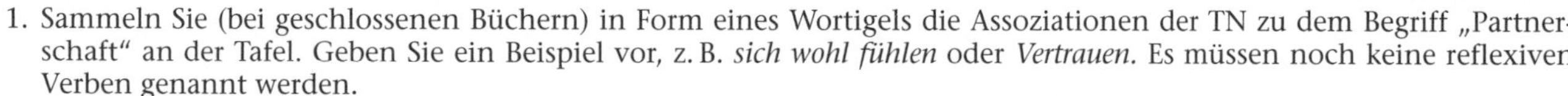

A 6 Focus: Wortschatz: reflexive Verben; Anwendungsübung zu reflexiven Verben; Gespräch über Partnerschaft
Material: Kärtchen mit den Namen berühmter Liebespaare

1. Sammeln Sie (bei geschlossenen Büchern) in Form eines Wortigels die Assoziationen der TN zu dem Begriff „Partnerschaft" an der Tafel. Geben Sie ein Beispiel vor, z. B. *sich wohl fühlen* oder *Vertrauen*. Es müssen noch keine reflexiven Verben genannt werden.
2. Die TN lesen die vorgegebenen Verben. Viele der Verben sind in A2 eingeführt worden, die übrigen sollten aus Tangram aktuell bereits bekannt sein. Klären Sie die noch unbekannten Verben durch Beispielsätze oder Synonyme.
3. Weisen Sie die TN auf die Verben mit Präposition hin und fordern Sie sie auf, in jedem Satz die Präposition zu unterstreichen. Dadurch wird die Auswahl im Kasten kleiner und somit die Lösung der Aufgabe leichter. Machen Sie das erste Beispiel gemeinsam.
4. Verteilen Sie Kärtchen mit den (Vor-)Namen berühmter Liebespaare. Jeder TN bekommt eine Karte mit einem Vornamen und muss seinen Partner/seine Partnerin finden. Die TN ergänzen dann gemeinsam die (restlichen) Sätze mit den vorgegebenen Verben. Anschließend vergleichen sie ihr Ergebnis mit einem anderen Paar, dann im Plenum (z. B. Romeo und Julia, Hillary und Bill, Tristan und Isolde, Charles und Diana, Cäsar und Kleopatra etc.).
5. Sammeln Sie zur Vorbereitung des Interviews entsprechend der Beispiele 1 bis 12 Fragen in der Sie-Form an der Tafel: „Verabschieden Sie sich immer mit einem Kuss?", „Kümmern Sie sich gern um den Haushalt?", „Finden Sie es wichtig, dass man sich für seine Fehler entschuldigt?" usw. Stellen Sie den TN ein bis zwei Fragen und notieren Sie exemplarisch die Antworten an der Tafel.
6. Die TN führen mit dem zuvor gefundenen Partner/der Partnerin ein Interview zum Thema „Partnerschaft" durch und notieren die Antworten in der dritten Person Singular.
7. Lesen Sie das Beispiel im Buch. Fordern Sie die TN dann auf, die eigenen Antworten und die des Interviewpartners auf Gemeinsamkeiten zu überprüfen und anschließend darüber im Plenum zu berichten.

Arbeitsbuch 6–7: Anwendungsübung zu den reflexiven Verben
6 Lückentext ergänzen mit Hörkontrolle (Stillarbeit oder Hausaufgabe)
Anmerkung: Um die TN nicht zu verwirren, sollten Sie evtl. vor der Hörkontrolle die Situation erklären: Martin findet den Abschiedsbrief von Irene und liest ihn laut. Zwischendurch macht er kleine Kommentare (die natürlich nicht im Brief stehen).
7 Grammatik: Präpositionen ergänzen (Stillarbeit oder Hausaufgabe)

SPIEL

Eine reflexive Seifenoper
In dem Spiel geht es darum, gemeinsam eine Liebesgeschichte auf Kassette aufzunehmen, in der ein „ich", ein „du" ein „er" und eine „sie" vorkommen. Schreiben Sie zunächst die in A5 behandelten reflexiven Verben an die Tafel und führen Sie zusätzlich die reflexiven Verben „sich melden", „sich betrinken", „sich entscheiden", „sich streiten" und „sich entspannen" ein. Geben Sie gegebenenfalls an der Tafel eine Grobstruktur der Geschichte vor, z. B. Gestern haben sich Thomas und Karin kennen gelernt ...; Sie ...; Thomas sagte: Ich ...; Karin antwortete: Du ... . Wir ...; Beide ...; Ihre Freunde beschweren sich: Ihr ...; Thomas und Karin antworteten: ... Lassen Sie die TN Paare bilden, für jedes Paar sollte zumindest ein Satz vorgegeben sein. Sprechen Sie den ersten Satz der Liebesgeschichte auf eine Kassette: Gestern haben sich Thomas und Karin kennen gelernt. Nun setzt das erste Paar die Geschichte mit einem Satz fort, in dem möglichst ein reflexives Verb vorkommt. Hat das Paar einen Satz gefunden, wird dieser auf Band aufgenommen und das nächste Paar kommt an die Reihe. Wenn jedes Paar einen Satz beigetragen hat, ist die Geschichte aus. Spielen Sie den TN nun die Aufnahme vor und verbessern Sie Fehler. Wenn das Resultat witzig geworden ist: Lassen Sie sie von den TN (u. U. in Form eines Diktates) transkribieren. Wichtig: Achten Sie bei diesem Spiel besonders auf Schnelligkeit.

A 7 Focus: Kontaktanzeige schreiben
Material: *Variante:* Zettel mit Adjektiven

1. Die TN lesen die Kontaktanzeige im Buch. Klären Sie eventuell das Adjektiv „leidenschaftlich". Fragen Sie nach den in der Anzeige enthaltenen Informationen: „Wie alt ist die Person?", „Wie sieht sie aus?" usw.
2. Zeichnen Sie ähnlich wie in A3 ein Raster an die Tafel, schreiben Sie in die erste Spalte den Begriff „Alter". Fragen Sie, was noch alles in eine Kontaktanzeige gehört. Weisen Sie auf die Kontaktanzeigen in A2 hin und sammeln Sie weitere Details. Machen Sie die TN dabei auch auf die Besonderheiten der Textsorte aufmerksam, z. B. die Verwendung vieler Adjektive und Verben wie „suchen", „träumen", „sich interessieren", „sich melden" usw.
3. Die TN befragen ihren Nachbarn und machen sich Notizen. Anschließend formulieren sie daraus eine Kontaktanzeige. Sammeln Sie die Anzeigen ein und verteilen Sie sie neu bzw. lassen Sie jeden eine ziehen. Die Anzeigen werden dann im Plenum laut vorgelesen. Die anderen raten, um welchen TN es sich handelt.
Variante: Die TN schreiben in Kleingruppen eine Kontaktanzeige für den Kursleiter/die Kursleiterin (oder irgendeine andere Person, die alle kennen, evtl. auch eine bekannte Persönlichkeit). Jede Gruppe zieht einen Zettel mit einem Adjektiv. Es beschreibt, wie die Anzeige sein soll (z. B. seriös, witzig, langweilig, romantisch, intellektuell, frustriert, charmant etc.). Anschließend liest jede Gruppe ihre Anzeige im Plenum vor. Am Ende stimmen alle ab, welche Anzeige ihrer Meinung nach die größte Aussicht auf Erfolg hätte.
Zusatzübung: Falls es vorher noch nicht dazu gekommen ist, regen Sie ein Kursgespräch über Kontaktanzeigen als Möglichkeit der Partnersuche im Heimatland/in den Heimatländern der TN an. (Ist es eine übliche Methode, um Menschen kennen zu lernen? Spricht man darüber? Um welche Personen-/Altersgruppen handelt es sich? Kennen Sie Paare, die sich über eine Kontaktanzeige kennen gelernt haben?)

Arbeitsbuch 8–10: Schreibübung; totales Leseverständnis
8 Antwortbrief auf eine Anzeige im Kursbuch oder auf eine reale Anzeige schreiben (Hausaufgabe)
9 Leseverständnis: Textabschnitten Überschriften zuordnen (Hausaufgabe)
(Anmerkung: Christian Nürnberger, 47, der Autor des Artikels „Suche Gebraucht-Ehemann" lebt in München und hat seine Frau vor 13 Jahren über eine Heiratsanzeige kennen gelernt.)
10 Leseverständnis: Für jeden Textabschnitt die richtige inhaltliche Zusammenfassung finden (Partnerarbeit oder Hausaufgabe)

B Allein oder zusammen?

Partnerschaft

B 1 Kopiervorlage 1/2 „Thesen“ *(Zusatzübung)*
B 4 Schnipseltext *(Variante)*
B 5 Karteikarten (DIN A5) für Redemittel *(Variante)*

B 1 Focus globales Leseverständnis: Hypothesen zur Textsorte und zum Textinhalt machen
Material *Zusatzübung:* zerschnittene Kopien und eine zerschnittene OHP-Folie der Kopiervorlage 1/2 „Thesen“

1. *Zusatzübung als Einstimmung in das Thema und Vorentlastung für den Text:* Teilen Sie den Kurs in Gruppen mit ca. 4–5 TN ein. Beginnen Sie etwa so: „In der heutigen westlichen Gesellschaft leben immer mehr Menschen allein, d. h. ohne Partner. Was meinen Sie: Warum ist das so?“ Jede Gruppe bekommt 2–4 Thesen der zerschnittenen Kopie der Kopiervorlage 1/2 (= mögliche Gründe für dieses Phänomen), über die sie diskutieren soll. („Sind Sie einverstanden? Warum [nicht]?“) Anschließend präsentiert jede Gruppe ihre Thesen im Plenum und berichtet von den Diskussionsergebnissen. Präsentieren Sie dazu die Thesen der zerschnittenen OHP-Folie der Kopiervorlage 1/2.

2. Die TN lesen die Überschrift und den Anfang des Textes. Fragen Sie dann: „Was ist das für ein Text?“ und fordern Sie die TN auf, die vier Textsortenvorschläge durchzulesen und anzukreuzen, was sie für richtig halten. Vergleichen Sie im Plenum. Fragen Sie nach dem Grund für die Entscheidung.

Lösung: ein Artikel in einer Zeitschrift für Psychologie

3. Fragen Sie: „Was meinen Sie, was steht wohl in dem Text?“ und bitten Sie die TN, die vier Aussagen durchzulesen und ihre Vermutung anzukreuzen. Klären Sie wenn nötig das Adjektiv „anspruchsvoll“. Sammeln Sie die Vorschläge als Meinungsspektrum an der Tafel.

B 2 Focus globales Leseverständnis: Vermutungen im Text überprüfen

Bitten Sie die TN weiterzulesen. Geben Sie eine Zeit vor (ein bis zwei Minuten). Erklären Sie den TN, dass es nur darum geht, ihre Hypothese zu bestätigen oder zu falsifizieren. Der Text muss also noch nicht im Detail verstanden werden. Fragen Sie dann: „Welche der Vermutungen stimmt?“ und sammeln Sie an der Tafel Wörter, die die Vermutung bestätigen *(schlechter Kompromiss, Erwartungen ... extrem hoch, anspruchsvolle Menschen ...)*

Lösung: weil sie zu anspruchsvoll sind

B 3 Focus Wortschatzübung: Begriffe den Definitionen zuordnen

1. Erläutern Sie die Aufgabenstellung, indem Sie die TN im ersten Abschnitt des Textes (B1) nach den Prozentzahlen suchen lassen. Schreiben Sie dann den Satz „In den deutschen Großstädten liegt die Quote bei 50 %." an die Tafel, unterstreichen Sie das Wort „Quote" und schreiben Sie darunter den Begriff „die Prozentzahl".
   Hinweis zum Text: Unter den 50 % Ein-Personen-Haushalte befinden sich auch viele allein stehende alte Leute, deren Partner gestorben ist.

2. Die TN lesen die restlichen Erklärungen. Helfen Sie bei eventuellen Wortschatzproblemen.
3. Suchen Sie das zweite und eventuell das dritte Beispiel gemeinsam im Text (Alleinstehende; Kompromiss).
4. Die TN versuchen, die passenden Begriffe im Text zu finden und tragen sie neben den betreffenden Erklärungen ein. Vergleichen Sie die Ergebnisse im Plenum und lassen Sie den TN dabei ausreichend Zeit, ihre Lösungen zu korrigieren und zu vervollständigen.

Lösung: Alleinstehende; (der) Kompromiss; es macht „klick"; (die) Erwartung; Verhaltensforscher; sich überschätzen; (die) Bescheidenheit

B 4 Focus Textzusammenfassung
Material *Variante:* Schnipseltext aus vergrößerter Kopie der Textzusammenfassung

1. Fordern Sie die TN auf, die Sätze für die Textzusammenfassung zu lesen.
2. Erklären Sie die Aufgabenstellung, indem Sie den mit einer 1 markierten Satz an die Tafel schreiben und die TN fragen „Wo steht diese Information im Text?" und auf den ersten Abschnitt (B1) verweisen.
3. Bitten Sie die TN den nächsten Abschnitt zu lesen. Suchen Sie dann gemeinsam nach dem passenden Satz.

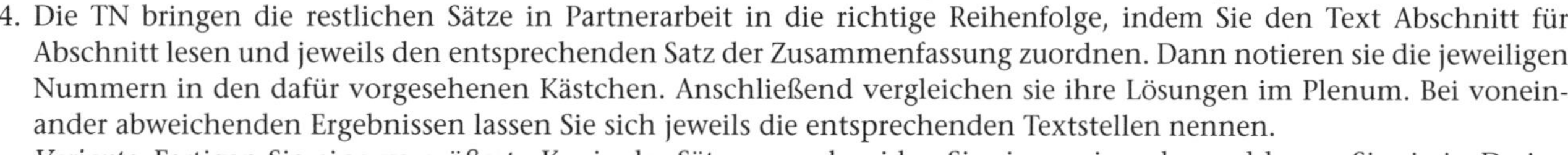

4. Die TN bringen die restlichen Sätze in Partnerarbeit in die richtige Reihenfolge, indem Sie den Text Abschnitt für Abschnitt lesen und jeweils den entsprechenden Satz der Zusammenfassung zuordnen. Dann notieren sie die jeweiligen Nummern in den dafür vorgesehenen Kästchen. Anschließend vergleichen sie ihre Lösungen im Plenum. Bei voneinander abweichenden Ergebnissen lassen Sie sich jeweils die entsprechenden Textstellen nennen.
   Variante: Fertigen Sie eine vergrößerte Kopie der Sätze an, schneiden Sie sie auseinander und lassen Sie sie in Dreiergruppen zusammensetzen. Auf diese Weise kann die Reihenfolge auch visuell hergestellt werden, was gerade bei schwächeren Gruppen hilfreich ist.

Lösung: 7, 1, 4, 2, 5, 3, 6

B 5 Focus Diskussion mit Redemittelvorgabe
Material *Variante:* aus vergrößerter Kopie der Redemittel angefertigte Karteikarten (DIN A5) oder Blanko-Karteikarten

1. Sammeln Sie weitere Erklärungen für den Trend zum Single-Leben als Wortigel an der Tafel.

Variante in internationalen Kursen: Sammeln Sie Fragen an der Tafel zum Thema „Singles", z. B.: „Gibt es viele Singles in Ihrem Heimatland?", „Warum leben diese Menschen allein?" Die TN interviewen jeweils einen TN aus einem anderen Land und machen sich Notizen zu den Antworten des Interviewpartners. Vergleich der Gründe in Kleingruppen, dann Präsentation im Plenum mit Ergänzung des Wortigels.

Variante in sprachhomogenen Kursen: Ermuntern Sie die TN, Vergleiche zwischen ihrem Heimatland und Deutschland auf der Grundlage des Textes anzustellen.

2. Lenken Sie die Aufmerksamkeit der TN auf die im Buch vorgegebenen Redemittel. Klären Sie die Kategorien, indem Sie die zusammenpassenden einander gegenüberstellen: z. B. *nach der Meinung fragen – seine Meinung sagen* usw. Bei Verständnisschwierigkeiten können Sie die Kategorien noch anhand eines Beispielsatzes zum Thema „Singles" erläutern.
   Variante: Die TN schreiben die Redemittel selber auf Karteikarten, mischen sie, verteilen sie untereinander und ordnen sie dann den entsprechenden Kategorien zu. Gehen Sie herum und helfen Sie mit Erklärungen und Beispielsätzen. Anschließend vergleichen die TN ihr Ergebnis mit den Angaben im Buch. Das hat den Vorteil, dass jeder TN sich bereits mit einem Teil der Redemittel durch das Schreiben bewusster auseinander setzt.
3. Die TN diskutieren in ihrer Gruppe über das Thema „Singles". Für die inhaltliche Gestaltung der Diskussion verweisen Sie auf die Argumente, die in Schritt 1 an der Tafel gesammelt wurden. Fordern Sie die TN auf, während der Diskussion auch einige der Redemittel zu benutzen (vgl. Methodentipp „Redemittel lernen").

Arbeitsbuch 11–14: Wortschatz; Hörverständnis; freie Sprech-/Schreibübung; Gedicht

11 Wortschatz: Vorentlastung zum Hörverständnis von Übung 12 (Partnerarbeit)
12 Detailliertes Hörverständnis: richtig/falsch-Aussagen markieren (Stillarbeit)
13 Freie Sprech- oder Schreibübung zum Thema „Partnersuche" (Partnerarbeit oder Hausaufgabe)
14 Gedicht lesen und ergänzen (Hausaufgabe)

METHODE

Redemittel lernen
Sprachliche Mittel, mit denen man seine Meinung ausdrücken, widersprechen usw. kann, sind das „Schmiermittel" einer Diskussion. Sie machen es möglich, direkter und wirkungsvoller auf die Gesprächspartner einzugehen. Die Nützlichkeit ihrer Beherrschung sollte den TN möglichst früh bewusst gemacht werden. Da die im Buch angebotenen Mittel sehr umfangreich sind, sollten die TN sich zunächst auf einige wenige konzentrieren, die sie gezielt in einer Diskussion anwenden wollen. Ermuntern Sie die TN dazu, die Redemittel zu lernen und möglichst oft zu wiederholen und in konkreten Gesprächsanlässen anzuwenden. Nutzen Sie möglichst viele Gelegenheiten im Unterricht, um die Redemittel zu üben und anzuwenden. In jeder Lektion gibt es Diskussionsanlässe, die sich hierfür eignen. Verweisen Sie dann immer wieder auf diese Seite oder auf andere Seiten, auf denen Redemittel angeboten werden.

C Zwischen den Zeilen

C 2 Kopiervorlage 1/3 „Alltag" *(Zusatzübung)*

C 1 Focus Wortschatz: Verben, Substantive und Adjektive zu den offiziellen Stationen einer Partnerschaft

1. Erläutern Sie den TN anhand der Zeichnungen und Beispiele die Aufgabenstellung. Thematisieren Sie dabei auch den Unterschied zwischen Handlung und Zustand, eventuell mit Hilfe der Fragen „Was macht man?" und „Wie ist man (dann)?" Weisen Sie dann auf das erste Beispiel und die durchgestrichenen Wörter in den Vorgaben.
2. Lösen Sie das nächste Beispiel gemeinsam, indem Sie nach der Handlung und dem Zustand fragen.

3. Die TN lesen die Substantive unter den Bildern und ergänzen die Handlung und den Zustand mit den Vorgaben. Anschließend vergleichen sie ihr Ergebnis in Partnerarbeit, dann im Plenum.

Lösung: sich verloben, verlobt sein; heiraten, verheiratet sein; sich trennen, getrennt sein; sich scheiden lassen, geschieden sein

4. Deuten Sie auf die Einträge in Klammern hinter den Verben/Adjektiven. Geben Sie z. B. „sich trennen" vor und fordern Sie die TN auch auf, das Verb in der Wortliste nachzuschlagen. Fragen Sie nach den dort zu findenden Einträgen und weisen Sie die TN darauf hin, dass die Begriffe immer mit diesen Zusätzen gelernt werden sollten. Verteilen Sie dann alle Verben und Adjektive und lassen Sie die TN zu ihrem Verb einen Beispielsatz in Partnerarbeit bilden. Anschließend lesen die TN ihre Sätze im Plenum vor.

5. Die Begriffe „Heirat", „Hochzeit" und „Ehe" sind für viele schwer zu unterscheiden. Klären Sie diese deshalb mit Hilfe der Wörterbucheinträge im Buch.

C 2 Focus Anwendungsübung: Wortschatz „Partnerschaft"; mit Hörkontrolle

Material *Zusatzübung:* Kopien von Kopiervorlage 1/3 „Alltag"

1. Lesen Sie das erste Beispiel vor. Fragen Sie: „Welche Form hat das Verb? Warum?" (Infinitiv; Modalverb) und machen Sie die TN darauf aufmerksam, dass die einzusetzenden Verben in verschiedenen Formen auftreten können (Perfekt usw.).
2. Gehen Sie ein bis zwei weitere Sätze im Plenum gemeinsam durch.

3. Die TN ergänzen die Lücken und lesen den Dialog in Partnerarbeit. Danach vergleichen sie ihre Lösung mit dem Hörtext auf der Kassette/CD.

Lösung: **1** geheiratet, Hochzeit, verheiratet, verliebt, Trennung, scheiden lassen, Scheidung, heiraten, verheiratet, **2** verliebt, verlobt, Verlobung, Hochzeit, verlobt, getrennt, geschieden, Ehe

Zusatzübung:

4. Wenn Sie an dieser (oder an anderer) Stelle noch einmal die reflexiven Verben wiederholen möchten, bietet sich das Gedicht „Alltag" von Robert Gernhardt an (Kopiervorlage 1/3). Zunächst lesen die TN still das Gedicht und versuchen dann die Verben dem Gedicht zuzuordnen. Gehen Sie herum und helfen Sie bei unbekannten Wörtern und Wendungen.

5. In einer diskutierfreudigen Gruppe können Sie mit den TN eine Diskussion über das Gedicht von Gernhardt anregen: „Was für ein Mensch könnte das sein?, Wie und wo lebt er / sie?" Überlegen Sie gemeinsam, was die letzten beiden Zeilen bedeuten könnten. Worauf spielt Gernhardt in seinem Gedicht an (z. B. das Single-Dasein, Egoismus, die Vereinsamung der Menschen in unserer Gesellschaft – verdeutlicht durch die ständige Wiederholung des Reflexivpronomens „mich")?
6. Lassen Sie nun die TN mit Hilfe der Verben in den Vorgaben ein eigenes Gedicht schreiben. Weisen Sie die TN darauf hin, dass Sie für den freien Schluss der eigenen Version den Reim in der drittletzten Zeile mit dem in der letzten Zeile berücksichtigen, z. B. *Ich gehe schnell ins Bett: ein ganz normaler Arbeitstag, am Ende dann ganz nett.* Sie können einen anderen Titel vorgeben (z. B. „Ein ganz besonderer Tag", „Partnerschaft") oder eine andere Person (z. B. „Sie", „Du", „Wir"). Wer möchte, kann dann sein Gedicht im Plenum vortragen.

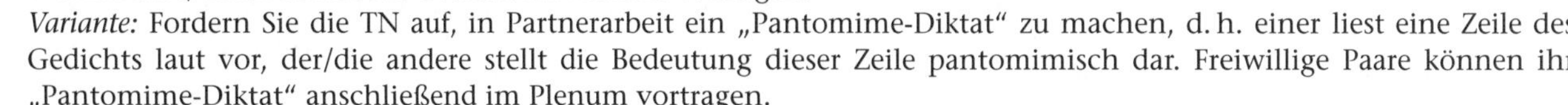

Variante: Fordern Sie die TN auf, in Partnerarbeit ein „Pantomime-Diktat" zu machen, d. h. einer liest eine Zeile des Gedichts laut vor, der/die andere stellt die Bedeutung dieser Zeile pantomimisch dar. Freiwillige Paare können ihr „Pantomime-Diktat" anschließend im Plenum vortragen.

Arbeitsbuch 15–16: Verben mit verschiedenen Präpositionen: Regel und Anwendungsübung

15 Beispielsätze zur Unterscheidung von Verben mit verschiedenen Präpositionen (Stillarbeit oder Hausaufgabe)

16 Anwendungsübung zu den Verben mit verschiedenen Präpositionen mit Hörkontrolle (Hausaufgabe)

D Freunde fürs Leben

Freundschaft

D 1 Karteikarten DIN A6, dicke Filzstifte, 1 Karteikarte DIN A5, Pins *(Variante)*
D 2 buntes Papier in verschiedenen Farben
D 4 OHP-Folie von KB-Seite 9
D 6 kleine Zettel mit den Namen der TN *(Zusatzübung)*

Arbeitsbuch 17 *(vor Kursbuch D1!)*: Wortschatz zum Thema „Freundschaft"; Personalpronomen im Dativ und Akkusativ ergänzen (Partnerarbeit)

D 1 Focus Einstieg ins Thema „Freundschaft": Assoziogramm
Material *Variante:* Karteikarten DIN A6, dicke Filzstifte, 1 Karteikarte DIN A5 mit dem Wort „Freundschaft" beschriftet, Pins

Zeichnen Sie einen Wortigel (siehe Buch) an die Tafel und fragen Sie die TN: „Was bedeutet für Sie Freundschaft?" Ergänzen Sie den Igel mit den von den TN genannten Begriffen. Versuchen Sie, die genannten Begriffe möglichst thematisch zu gruppieren (z. B. Gefühle: Nähe, Vertrauen ...; Gemeinsame Unternehmungen: in den Urlaub fahren; kochen ...).
Variante: Befestigen Sie eine Karteikarte mit dem Begriff „Freundschaft" in der Mitte der Pinnwand und stellen Sie je nach Kursgröße ein bis zwei Stapel mit Karteikarten zur Verfügung. Ermuntern Sie die TN ihre Assoziationen (je eine pro Karte) auf den Karten zu notieren und um das Wort „Freundschaft" herum zu gruppieren. Ermuntern Sie die TN anschließend, Zusammenhänge zwischen den Wörtern zu suchen und sie neu zu gruppieren.

D 2 Focus kreatives Schreiben: ein Gedicht über „Freundschaft" schreiben (nach einem vorgegebenen Muster)
Material buntes Papier in verschiedenen Farben

1. Fragen Sie: „Mögen Sie Gedichte?", „Hat Ihnen ein Freund/eine Freundin schon einmal ein Gedicht geschrieben?", „Haben Sie schon mal einem Freund/einer Freundin ein Gedicht geschrieben? Warum?" Lassen Sie dann einen freiwilligen TN das Gedicht im Buch vorlesen.

2. Deuten Sie auf die möglichen Gedichtanfänge im Buch, geben Sie wenn nötig jeweils einen Beispielsatz für den Anfang vor und fordern Sie die TN auf, selbst ein Gedicht an einen (realen) Freund/eine (reale) Freundin zu schreiben. Weisen Sie auch auf die Sammlung der Wörter in D1 hin. Gehen Sie herum, helfen Sie und korrigieren Sie Fehler, die das Verständnis verhindern. Es kommt nicht darauf an, einen fehlerfreien Text zu produzieren, sondern darum, kreativ zu sein und sich mitzuteilen. Die TN gestalten ihr Gedicht abschließend auf einem Blatt Buntpapier und hängen es an die Wand, so dass eine Gedichtausstellung entsteht, die sich alle TN durchlesen. Sie können auch freiwillige „Dichter" vortragen lassen. Diese Aufgabe eignet sich auch gut als Hausaufgabe, da auf diese Weise die TN die nötige Ruhe haben, um sich Gedanken zu machen.

D 3 Focus über Freundschaft diskutieren

1. Lesen Sie die erste Aussage über „Freundschaft" vor, fragen Sie die TN: „Ist das für Sie Freundschaft?" und diskutieren Sie im Plenum.
2. Gehen Sie ein weiteres Beispiel auf die gleiche Weise durch.
3. Die TN lesen die restlichen Beispiele im Buch. Verständnisprobleme versuchen sie zunächst in Partnerarbeit zu klären. Dann kreuzen sie entweder „ja" oder „nein" an.

4. Fordern Sie die TN auf, in Gruppen oder Partnerarbeit ihre Ergebnisse zu diskutieren und ihre jeweilige Entscheidung zu begründen. Geben Sie ein Zeitlimit von 10 bis 15 Minuten vor. Verteilen Sie die Karteikarten mit den Redemitteln aus B5 und ermuntern Sie die TN, einige davon in der Diskussion aufzugreifen. Allerdings sollen sie nur als Unterstützung dienen. Der Schwerpunkt liegt auf der Auseinandersetzung mit dem Thema. Da es keine „Lösung" gibt und die Aussagen oftmals weder mit „ja" oder „nein", sondern mit einem „jein" zu beantworten sind, führt diese Übung vermutlich zu regen Diskussionen.

5. Regen Sie abschließend einen kurzen Austausch der Diskussionsergebnisse im Plenum an. Verweisen Sie ggf. auch darauf, dass kulturelle Unterschiede zu unterschiedlichen Ergebnissen führen können.

D 4	Focus	Grammatik: Systematisierung der Relativpronomen und -sätze im Nominativ, Akkusativ und Dativ

1. Lassen Sie die TN die ersten beiden Beispielsätze im Kasten lesen (Hauptsatz 1 und Hauptsatz 2) und weisen Sie auf die Unterstreichungen hin. Sie können die beiden Sätze auch an die Tafel schreiben. Erklären Sie oder zeigen Sie mit Hilfe eines Pfeils, dass sich der „Hauptsatz 2“ auf die im „Hauptsatz 1“ genannte Person bezieht.
2. Lesen Sie dann mit den TN das erste Beispiel mit dem Relativsatz und fragen Sie: „Was fehlt hier?“ Deuten Sie dabei auf den eben besprochenen „Hauptsatz 2“ und auf den bestimmten Artikel „die“. Die TN nennen das fehlende Relativpronomen und ergänzen es. Bei Problemen verweisen Sie auf den ersten Satz in D3.
3. Erklären Sie jetzt, dass ein Relativsatz sich auf die im Hauptsatz genannten Personen oder Sachen bezieht. Weisen Sie auch darauf hin, dass das Relativpronomen dieselbe Form wie der bestimmte Artikel hat seinen Numerus und sein Genus von dem Bezugswort im Hautpsatz und seinen Kasus vom Verb im Relativsatz bekommt.

4. Die TN lesen die restlichen Beispiele mit Relativsätzen im Kasten und ergänzen die fehlenden Relativpronomen. Anschließend Vergleich im Plenum

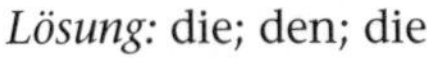

Lösung: die; den; die

5. Erklären sie zuletzt anhand des dritten Beispiels, dass das Relativpronomen den Kasus auch von einer Präposition bekommen kann.

D 5	Focus	Regelfindung zu den Relativsätzen

1. Die TN lesen die Sätze in D3 noch einmal und unterstreichen in jedem Satz die Relativpronomen. Vergleichen Sie die Ergebnisse zunächst im Plenum. Verweisen Sie auf die Tabelle und bitten Sie die TN, die fehlenden Relativpronomen mit Hilfe der Sätze aus D3 zu ergänzen. Bei schwächeren Gruppen können Sie noch ein bis zwei Formen gemeinsam aus den Sätzen heraussuchen. Die TN vergleichen zunächst ihre Lösungen in Partnerarbeit. Zeichnen Sie das Schema aus dem Buch zum Vergleich im Plenum an die Tafel und lassen Sie es von einem freiwilligen TN mit seinen Lösungen ergänzen.

Lösung: NOM: die; AKK: die, den, die; DAT: dem

2. Klären Sie die in die Regel einzusetzenden Begriffe, indem Sie auf Beispiele in D3 verweisen und helfen Sie bei der ersten Regel.
3. Die TN ergänzen die Regeln in Partnerarbeit mit den vorgegebenen Begriffen. Dann vergleichen sie die Ergebnisse im Plenum. Weisen Sie noch einmal auf die grundsätzliche Übereinstimmung von bestimmtem Artikel und Relativpronomen hin und auf die Ausnahme für Dativ Plural, die die TN auswendig lernen sollen. Schreiben Sie eventuell die im Plural stehenden Satzanfänge von D3 an die Tafel und ermuntern Sie die TN, diese mit eigenen Relativsätzen im Dativ Plural zu ergänzen.

Lösung: 1 Personen und Sachen; 2 am Ende; Relativpronomen 4 bestimmten; denen

Arbeitsbuch 18-22: Anwendungsübungen zu den Relativsätzen

18	Relativsätze im Nominativ schreiben (Hausaufgabe)
19	Relativsätze im Akkusativ schreiben (Hausaufgabe)
20	Relativsätze im Dativ schreiben (Hausaufgabe)
21	Relativsätze mit Präpositionen schreiben (Hausaufgabe)
22	Relativpronomen ergänzen (Hausaufgabe)

D 6 Focus gelenkte Anwendungsübung zu Relativsätzen: Definitionen schreiben
Material *Zusatzübung:* kleine Zettel mit den Namen der TN

1. Erklären Sie die Aufgabenstellung anhand des ersten Beispiels.
2. Lesen Sie das zweite Beispiel vor und fragen Sie nach dem passenden Begriff in den Vorgaben. Lösen Sie eventuell ein weiteres Beispiel gemeinsam.
3. Die TN lesen die Begriffe und die Definitionen, tragen die Lösungen in Partnerarbeit ein und vergleichen ihr Ergebnis anschließend im Plenum.

Lösung: **2** e; **3** a; **4** d; **5** c; **6** h; **7** f; **8** g

4. Fordern Sie die TN auf, aus den zuvor sortierten Begriffen und Definitionen Relativsätze zu formulieren. Weisen Sie auf die Beispiele im Kasten hin und bearbeiten Sie das erste Beispiel, wenn nötig weitere, gemeinsam und schreiben Sie sie an die Tafel. Weisen Sie darauf hin, dass bei zusammengesetzten Wörtern der zweite Teil immer als Bezugswort dient.
5. Die TN lösen die restlichen Sätze in Stillarbeit. Gehen Sie herum und helfen Sie bei Problemen.
6. In Anlehnung an die Beispiele im Buch vergleichen die TN ihre Ergebnisse durch Fragen nach den Begriffen bzw. nach den Definitionen. Der Vergleich im Plenum erfolgt in Form einer Kettenübung.

Lösung: **1** Ein Freund ist ein Mann, den man sehr gut und lange kennt. **2** Verwandte sind Menschen, die zur Familie gehören. **3** Eine Bekannte ist eine Frau, die man nicht sehr gut kennt. **4** Eine Kollegin ist eine Frau, mit der man zusammen arbeitet. **5** Gute Freunde sind Menschen, denen man vertrauen kann. **6** Ein Schulfreund ist ein Freund, den man aus der Schulzeit kennt. **7** Eine Ehefrau ist eine Frau, mit der man verheiratet ist. **8** Die Hochzeitsfeier ist die Feier, die am Tag der Hochzeit stattfindet.

Zusatzübung: Fertigen Sie Zettel mit den Namen der TN an und lassen Sie jeden TN einen ziehen. Geben Sie den Satzanfang „Wie heißt der Schüler/die Schülerin, ...“ an der Tafel vor und fordern Sie die TN auf, drei bis fünf Relativsätze, die die betreffende Person beschreiben, schriftlich auf einem Extrablatt zu ergänzen. Sammeln Sie die Beschreibungen ein, verteilen Sie sie neu und lassen Sie sie im Plenum vorlesen und raten.

Zusatzübung: Teilen Sie den Kurs in drei Gruppen. Die TN denken sich in ihrer Gruppe je fünf berühmte Persönlichkeiten aus und fertigen zu diesen kurze Beschreibungen in Form von Relativsätzen an. Gehen Sie herum und stellen Sie sicher, dass es sich wirklich um für alle bekannte Personen handelt. Anschließend trägt jeweils ein anderes Gruppenmitglied eine der Beschreibungen vor. Die anderen beiden Gruppen raten. Die Gruppe, die die Person errät, bekommt einen Punkt. Danach ist die nächste Gruppe an der Reihe. Das Spiel ist zu Ende, wenn alle Personen erraten sind. Gewonnen hat die Gruppe mit den meisten Punkten.

Arbeitsbuch 23–24: Anwendungsübungen zu den Relativsätzen

23 Freie Anwendungsübung (kreatives Schreiben): Bilder, die Freundschaft symbolisieren, mit Relativsätzen beschreiben (Stillarbeit oder Hausaufgabe)
Zusatzübung: Ein TN liest seinen Text vor, lässt aber das „Bild“ weg, z. B. „Freundschaft ist wie ..., die man regelmäßig gießen und pflegen muss.“ Die anderen müssen erraten, welches Bild gemeint ist. Derjenige, der es erraten hat, liest dann seinen eigenen Text vor usw.
Spiel: Teilen Sie den Kurs in 2 Gruppen, die sich gegenseitig ihre Texte vorstellen und die zehn oder mehr (je nach Kursgröße) auswählen, die anschließend vorgelesen und von der anderen Gruppe erraten werden sollen. Am besten setzen Sie ein zeitliches Limit, um ein bisschen Tempo in das Spiel zu bringen. Die Gruppe, die die meisten „Bilder“ erraten hat, hat gewonnen.

24 Sprechübung zur Anwendung der Relativsätze (Plenum oder Hausaufgabe)

E Frohe Feste

Feste und Einladungen

E 4 OHP-Folie von KB-Seite 12, Karteikarten (DIN A6) mit Verben ohne und mit Reflexivpronomen

Arbeitsbuch 25–26 *(vor Kursbuch E1!):* Wortschatz zum Thema Feste

25 Substantiv-Verb-Kombinationen: passende Verben wählen (Partnerarbeit)

26 Begriffen passende Definitionen zuordnen (Partnerarbeit)

E 1 Focus Gespräch über Feste

Zeigen Sie nacheinander auf die Fotos und fragen Sie: „Wo sind die Leute?“, „Was feiern sie?“ Lassen Sie die TN über den Anlass der Feste spekulieren. Sammeln Sie die Vermutungen der TN stichwortartig in Form eines Rasters an der Tafel. Nehmen Sie dabei alle Vorschläge auf und fragen Sie immer nach dem Grund der Vermutungen.

Bild 1	Bild 2	Bild 3	Bild 4	Bild 5	Bild 6
in einem Keller	in einem Restaurant	auf einer Bühne	vor einer Universität, auf dem Campus	im Garten	auf dem Standesamt
Geburtstagsparty	Familienfeier	Jubiläum, Premiere	Examensfeier	Kindergeburtstag	Hochzeit

E 2 Focus globales Leseverständnis: Einladungen den Fotos zuordnen

1. Erläutern Sie die Aufgabenstellung, indem Sie zuerst auf die Fotos und dann auf die Einladungen zeigen und fragen: „Welche Einladung passt zu welchen Personen?"

2. Die TN lesen die Einladungen, ordnen sie den Fotos zu und markieren ihre Lösungen im Buch. Anschließend vergleichen sie ihr Ergebnis mit dem Nachbarn, dann im Plenum. Fordern Sie die TN auf, ihre Entscheidung zu begründen.

Lösung: B2; C1; D6; E4; F3

3. Sprechen Sie mit den TN über Feste in Deutschland (s. u. Landeskundekasten). Fragen Sie sie nach eigenen Erfahrungen mit deutschen Festen und lassen Sie einige TN berichten. Erzählen Sie eventuell kurz selber von einigen typischen Festen.

LANDESKUNDE

Feste

Im privaten Bereich nehmen die Geburtstage einen besonderen Platz ein. Diese feiert man oft in der Familie und/oder mit Freunden. Kinder laden dazu meist (Schul-)Freunde ein und spielen je nach Alter Spiele, bei denen es meist kleine Preise zu gewinnen gibt. Der Übergang von der Jugend ins Erwachsenenalter, der mit dem 18. Lebensjahr (Volljährigkeit) vollzogen wird, bietet einen wichtigen Anlass zum Feiern – meist wird eine große Party organisiert. Erwachsene veranstalten bei „runden" Geburtstagen (ab 30 alle zehn Jahre und ab 60 auch in Fünferschritten) manchmal ein größeres Fest zu Hause oder in gemieteten Räumlichkeiten. Ansonsten wird im kleineren Rahmen mit Freunden und/oder der Familie z. B. mit einem gemütlichen Essen gefeiert.
Zu den privaten Anlässen gehören auch Jubiläumsfeiern, wie Silberne und Goldene Hochzeit (25 und 50 Ehejahre), Eintritt ins Rentenalter etc. Bei diesen wird normalerweise ein größeres Lokal gemietet, wo dann gegessen und getanzt wird. Außerdem ist es bei diesen Festen üblich, dass einige Gäste Reden zu Ehren des Jubilars/der Jubilare halten. Gefeiert wird auch bei „Wendepunkten" im Leben, wie z. B. Abschlusspartys, nach Beendigung der Schullaufbahn oder des Studiums oder Einweihungspartys nach dem Bezug einer neuen Wohnung. Diese Anlässe werden häufig mit einer größeren Party mit Freunden, Bekannten und der Familie gefeiert.
Des Weiteren sind noch die „religiösen" Anlässe für Feiern zu nennen, wie Ostern, Weihnachten, Taufe, Konfirmation/Kommunion, Namenstag etc., die meist in einem sehr festlichen Rahmen im engeren Familienkreis gefeiert werden.

E 3 Focus Hörverständnis: Telefongespräche den Einladungen zuordnen

1. Spielen Sie das erste Telefongespräch einmal ganz vor. Fragen Sie dann, welche Einladung dazu passt und lassen Sie sich die Gründe nennen.
2. Die TN hören nun die restlichen vier Gespräche und markieren die Lösung im Buch. Stoppen Sie nach jedem Gespräch und geben Sie genügend Zeit zum Ankreuzen. Anschließend vergleichen die TN mit ihrem Nachbarn, dann im Plenum. Nehmen Sie unterschiedliche Lösungen zum Anlass für nochmaliges Hören.

Lösung: 1D; 2E; 3F; 4A

Zusatzübung: Gehen Sie auf die in den Gesprächen thematisierten Konventionen ein. Fragen Sie in Bezug auf den ersten Hörtext: „Was macht man in Deutschland bei einer Hochzeit?" Spielen Sie eventuell den betreffenden Abschnitt noch einmal vor. Schreiben Sie die Wörter „Polterabend" und „poltern" an die Tafel und klären Sie gemeinsam die Bedeutung der beiden Begriffe. Fragen Sie die TN nach weiteren Bräuchen in Deutschland und ergänzen Sie sie gegebenenfalls (z. B. Konfetti/Reis streuen, die Braut entführen, Hochzeitszeitung). Ermuntern Sie die TN, auch über Bräuche in ihrem Heimatland zu berichten.

Internationale Kurse: Je zwei TN unterschiedlicher Nationalität interviewen sich gegenseitig zu Festen in ihren Heimatländern. Schreiben Sie hierfür die folgenden Fragen an die Tafel: Welche Feste feiert man in Ihrem Land? Wie werden sie gefeiert? Welche Feste haben Sie selber schon erlebt? Anschließend berichten einige Freiwillige im Plenum.

Sprachhomogene Kurse: Lassen Sie Kleingruppen nach den im Buch angesprochenen Festanlässen bilden *(Geburtstag, Hochzeit, Silberne/Goldene Hochzeit, Examen, Kindergeburtstag).* Die TN sammeln stichpunktartig, wie man in ihrem Land diese Feste feiert, stellen sie den deutschen Konventionen und Traditionen gegenüber und berichten anschließend im Plenum. Die anderen Gruppen ergänzen wenn nötig fehlende Details.

E 4 Focus Grammatik: Reflexivpronomen im Dativ; Hörübung: fehlende Wörter ergänzen
Material OHP-Folie von KB-Seite 12; Karteikarten (DIN A6) mit Verben ohne und mit Reflexivpronomen

1. Spielen Sie das vierte Gespräch noch einmal vor. Stoppen Sie nach dem ersten relevanten Satz, fragen Sie die TN nach den fehlenden Reflexivpronomen und ergänzen Sie sie in dem Schema auf der OHP-Folie.
2. Die TN ergänzen nach jedem gehörten Abschnitt die Lücken und vergleichen ihre Ergebnisse in Partnerarbeit. Bei unterschiedlichen Lösungen können Sie das Gespräch noch einmal ganz vorspielen. Abschließend Vergleich im Plenum mit Ergänzung der Lösungen auf der Folie.

Lösung: **1** *dich;* **2** *dir;* **3** *mir;* **4** *sich;* **5** *sich;* **6** *mir;* **7** *mich*

3. Lenken Sie die Aufmerksamkeit der TN auf die Sätze mit Reflexivpronomen im Akkusativ, die sie bereits aus dem A-Teil kennen. Deuten Sie auf die Reflexivpronomen in den Sätzen 2, 3 und 6 und fragen Sie die TN, was ihnen auffällt *(DAT)*. Weisen Sie dann auf die Tabelle (OHP) und fordern Sie die TN auf, die fehlenden Formen in den Sätzen 1 bis 7 zu suchen und in der Tabelle zu ergänzen. Die TN vergleichen ihr Ergebnis zunächst mit ihrem Nachbarn, dann im Plenum. Ergänzen Sie die Formen anschließend auf der Folie.

Lösung: (AKK) mich, dich, sich; (DAT) mir, dir, sich

4. Weisen Sie auf Satz 1 hin und nennen Sie das reflexive Verb im Infinitiv. Deuten Sie dann auf den Regel-Kasten (OHP) und lesen Sie die erste Regel vor.
5. Die TN ergänzen die Regeln anhand der Beispielsätze und vergleichen ihre Lösungen im Plenum. Weisen Sie auf die Übereinstimmung der Reflexivpronomen in der 3. Person Singular und Plural im Akkusativ und Dativ hin.

Lösung: **1** 5 interessieren + sich (AKK); 7 freuen + sich (AKK); **2** 3 wünschen + mir (DAT) + AKK; 4 besorgen + sich (DAT) + AKK; 6 ausdenken + mir (DAT) + AKK

Arbeitsbuch 27–29: Anwendungsübungen zu den Reflexivpronomen
27 Reflexivpronomen im Dativ ergänzen (Stillarbeit und Partnerarbeit)
28 Reflexivpronomen auf der richtigen Position ergänzen (Hausaufgabe)
29 Reflexivpronomen ergänzen (Hausaufgabe)

E 5 Focus Antwortbriefe schreiben

1. Lassen Sie die TN den kleinen Aufgabentext lesen. Freiwillige erklären dann die Aufgabe im Plenum. Verweisen Sie darauf, dass die TN zu allen Punkten etwas schreiben sollen. Wiederholen Sie gegebenenfalls die Formalien eines Briefes (Datum, Anrede, Gruß, Unterschrift).
2. Lassen Sie die TN zuerst zu jedem Punkt Notizen machen. Jeder TN schreibt im Kurs oder zu Hause eine Antwort. Individuelle Korrekturen durch KL. Lassen Sie einige Briefe im Plenum vorlesen.

Zusatzübung: Erinnern Sie die TN an die für eine Zusage oder Absage üblichen Redemittel, indem Sie sie – zunächst auf Zuruf der TN – an der Tafel sammeln und dann entsprechend ergänzen.

Auf eine Einladung reagieren

Sie sagen zu:	*Sie sagen ab:*
Natürlich/Gern komme ich (zu …).	*Es tut mir sehr Leid, aber …*
Ich komme sehr gern zu …	*Ich würde sehr gern zu … kommen, aber leider muss ich absagen.*
Ich habe mich sehr über die Einladung gefreut.	*Es ist wirklich sehr schade, aber …*
Was wünschst du dir/wünscht ihr euch/wünschen Sie sich denn?	*Leider habe ich an dem Tag keine Zeit.*
Wann soll ich denn da sein?	

4. Bereiten Sie Zettel (Anzahl wie die der TN) mit Einladungen zu verschiedenen Anlässen vor, je zwei mit demselben Anlass. Es reicht, wenn jeder Zettel einfach nur Anlass, Zeit und Ort enthält. Die TN ziehen jeweils einen Zettel und finden sich auf diese Weise in Paaren zusammen.

5. Die TN lesen die Einladungen und einigen sich darauf, wer die Rolle der eingeladenen Person und wer die Rolle der einladenden Person spielt.
6. Die TN überlegen sich in Partnerarbeit einen Dialog und studieren ihn ein. Gehen Sie herum und helfen Sie bei Bedarf. Anschließend präsentieren freiwillige Paare ihr Ergebnis im Plenum.

Arbeitsbuch 30–32: Leseverständnis; freie Schreibaufgabe
30 Vorentlastung für den Lesetext von Übung 31: Begriffen passende Definitionen zuordnen (Hausaufgabe)
31 Leseverständnis: die für das Verständnis des Textes wichtigen Informationen herausfiltern; Schreibaufgabe: das Problem, das in dem Text beschrieben wird, erklären (im Kurs oder Hausaufgabe)
32 freie Schreibaufgabe: über die Bedeutung von Geburtstagen und Sternzeichen im eigenen Land schreiben (Hausaufgabe)

F Der Ton macht die Musik

Focus Der Party-Rap: Lückentext ergänzen

1. Schreiben Sie das Wort „Party“ an die Tafel und fragen Sie die TN, was man alles auf einer Party machen kann *(essen, trinken, Freunde treffen, tanzen ...)*. Spielen Sie danach den Rap einmal bei geschlossenen Büchern ganz vor und fragen Sie anschließend, was die Leute auf der Party machen und schreiben Sie die Aktivitäten an die Tafel.
2. Klären Sie mit den TN vorab die zu ergänzenden Begriffe. Lösen Sie die erste Strophe mit den TN und machen Sie sie darauf aufmerksam, dass es eine Hilfe ist, auf die Reime zu achten.
3. Die TN suchen zusammen nach den passenden Ergänzungen für den Liedtext.
4. Spielen Sie den Liedtext (mit Pausen, evtl. auch mehrmals) vor, so dass die TN ihre Lösungen selbst korrigieren können. Wenn Fragen zu Begriffen oder längeren Textstellen auftauchen, suchen Sie gemeinsam nach Erklärungen im Text oder erklären Sie sie selbst.
   Zusatzübung: Teilen Sie den Kurs in zwei Gruppen, die einander gegenüberstehen oder -sitzen. Spielen Sie nun den Rap ein weiteres Mal vor und fordern Sie die TN auf mitzusingen. Die eine Gruppe singt die Strophen auf der linken Seite, die andere die auf der rechten Seite, wie in einem Dialog. Den Refrain singen alle zusammen.
   Wenn die TN Spaß an dieser Übung haben, können Sie im Anschluss das Gleiche noch einmal ohne Hintergrundmusik machen.

Arbeitsbuch 33–36: Übungen zu den Konsonanten-Verbindungen [pf], [kv], [ts], [ks]

33 Spielen Sie die CD vor. Die TN sprechen die Wörter nach und markieren jeweils die Konsonanten-Verbindung. Anschließend vergleichen sie mit ihrem Nachbarn die Markierungen und ergänzen gemeinsam die Regeln. Vergleich im Plenum.

34 Anwendung der Regel 3: Die TN unterstreichen in Partnerarbeit in den Wörtern den [ts]-Laut. Spielen Sie dann die Übung von der CD vor, die TN sprechen jedes Wort nach und vergleichen mit ihren Ergebnissen.

35 Aussprachetipps: Spielen Sie die CD zur Bildung des [pf]-Lautes vor, und demonstrieren Sie dabei die beschriebene Vorgehensweise. Geben Sie danach ausreichend Zeit zum individuellen Üben und helfen Sie bei Problemen. Gehen Sie mit den anderen Lauten auf die gleiche Weise vor.

36 Spielen Sie die Dialoge und Gedichte nacheinander vor. Während des ersten Hörens lesen die TN still mit. Abschließend wählt jeder TN einen Text aus, je nach seinen spezifischen Problemen, und übt diesen besonders intensiv. Der Dialog sollte von zwei TN geübt werden. Wer möchte, präsentiert sein Ergebnis im Plenum.

Cartoon

Focus	Gesprächsanlass zum Thema „Partnersuche“
Material	*Zusatzübung:* OHP-Folie des Cartoons; vergrößerte Kopien des Cartoons; Kopien von Kopiervorlage 1/4 „Bremen wodu“

1. Zeigen Sie zunächst nur das erste Bild, lesen Sie die Sprechblase vor und lassen Sie die TN über die Situation spekulieren: „Wer ist Achim?“, „Wo ist er?“, „Mit wem spricht er?“ usw. (Achim kommt aus Köln; deshalb spricht er „ich“ wie „isch“, regionale Variante.)
2. Decken Sie das zweite Bild auf. Die TN lesen den Inhalt der Sprechblase. Gehen Sie dann zum dritten Bild, auf dem Sie den Relativsatz zur Hälfte verdecken („keine Zeit hat“ fehlt) und fragen Sie die TN: „Was für eine Partnerin sucht Achim wohl?“ und sammeln Sie mögliche Eigenschaften, Hobbys usw. an der Tafel. Zeigen Sie dann die Pointe.

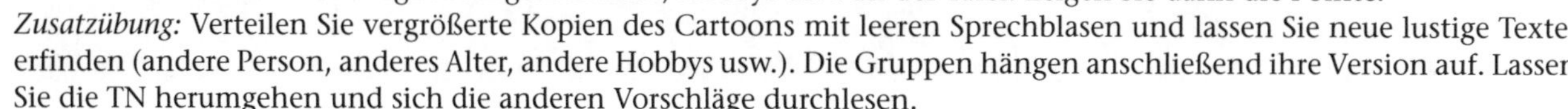

   Zusatzübung: Verteilen Sie vergrößerte Kopien des Cartoons mit leeren Sprechblasen und lassen Sie neue lustige Texte erfinden (andere Person, anderes Alter, andere Hobbys usw.). Die Gruppen hängen anschließend ihre Version auf. Lassen Sie die TN herumgehen und sich die anderen Vorschläge durchlesen.
   Variante: Wenn die TN Spaß am Zeichnen haben, können Sie sie auch ermutigen, neue Figuren zu zeichnen und einen eigenen Cartoon zu entwerfen.
   Zusatzübung: Legen Sie die OHP-Folie der Kopiervorlage 1/4 auf. Fragen Sie, was mit dem Text „nicht stimmt“ und was fehlt. Nehmen Sie die Antworten schließlich zum Anlass, die Aufmerksamkeit der Lerner auf die Arbeitsanweisung zu lenken. Verteilen Sie dann die Kopien der Kopiervorlage 1/4 und sagen den TN, dass es sich bei dem Text um ein Gedicht handelt.
   Die TN versuchen zuerst, die einzelnen Wortenden im Text zu markieren. Die TN übertragen ihre Ergebnisse auf Folie, vergleichen und diskutieren unterschiedliche Lösungsvorschläge. Erinnern Sie die TN an die verschiedenen Satzmelodien in W-Fragen, Ja/Nein-Fragen und Rückfragen. Fordern Sie zwei Freiwillige auf, die ersten acht Zeilen des Gedichts abwechselnd vorzulesen und ermuntern Sie sie, mit der Betonung und Satzmelodie zu experimentieren. Fragen Sie dann, welche Satzzeichen fehlen und ergänzen Sie die Satzzeichen auf Vorschlag der TN auf der Folie. Die TN finden dabei heraus, dass es sich bei dem Gedicht um einen Dialog handelt. Die TN ergänzen die restlichen Satzzeichen auf ihren Kopien. Machen Sie schon jetzt deutlich, dass bei dem Gedicht verschiedene Interpretationen möglich sind und deshalb verschiedene Lösungen gelten. Anschließend Vergleich im Plenum.

G Kurz & bündig

„Kurz & bündig" fasst alle wichtigen Strukturen und „Nützlichen Ausdrücke" der Lektion zusammen – soweit möglich, in Dialogform. Es dient KL und TN zum Nachschlagen, zur schnellen Orientierung über den Lernstoff einer Lektion und ist eine Grundlage für das Lernen zu Hause.
Wenn Sie Kärtchen zur Gruppenbildung (vgl. Hinweise auf „Seite XIII") oder eigene Übungen planen, können Sie sich an den Beispielsätzen und -dialogen von „Kurz & bündig" orientieren.

Arbeitsbuch
Die „Selbstkontrolle" ist als strukturierte Zusammenfassung der Lektion zum Selbstausfüllen angelegt: So beurteilen die TN selbst, ob sie den wesentlichen Inhalt der Lektion verstanden haben (= persönliche Zusammenfassung des neuen Lernstoffes). Viele Aufgaben sind offen und deshalb ohne Lösungsschlüssel. Hierüber kann dann im Kurs ein Austausch stattfinden.

Auf den Seiten „Lernwortschatz" erhalten die TN einen Überblick über die wichtigen Vokabeln der Lektion. Indem sie diese in ihre Muttersprache übertragen, üben sie gleichzeitig die neuen Vokabeln.

Diktat

Das ist Lisa Lieblich. Sie ist seit 30 Jahren mit ihrem Mann Ludwig verheiratet, da lernt sie eines Tages in der Firma einen neuen Kollegen, Harry Herzlich, kennen. Er hat so schöne blaue Augen, und sie verliebt sich sofort in ihn. Lisa hat nur noch Augen für Harry. Doch da gibt es noch ein Problem. Herr Herzlich ist verlobt. Seine Verlobte heißt Frida Fröhlich. Wenige Monate später entschließen sich Lisa und Harry, sich von ihren Partnern zu trennen. Was Lisa und Harry nicht wissen: Ludwig und Frida haben sich sechs Wochen vorher bei einem Seminar zum Thema „Wege zu einer glücklichen Partnerschaft" kennen gelernt. Es war Liebe auf den ersten Blick.

Freie Diktate

1

Ich wünsche mir einen Freund, …
der ______
dem ______
für den ______
den ______
bei dem ______

2

Ich wünsche mir eine Kollegin, …
die ______
der ______
für die ______
die ______
bei der ______

3

Ich wünsche ______,
aber ______ interessiert ______.
Warum habe ich ______ bloß in ______ verliebt?
______ beklagt ______ immer, aber ______ freut ______ nie.
Ich glaube, ich muss ______ bald verabschieden. So hat es keinen Sinn.

Lückendiktat

Setzen Sie die fehlenden Buchstaben ein.

Der Hoch__ei__tag war eine __al. Er war gan__ ver__weifelt und hatte Her__- und Ko__schmer__en.
Es war ihm ein Rä__el, warum das Fa__ nicht rech__eitig angekommen war. Aber je__t war nich__ mehr daran __u ändern.
Seine __ukünftige __arte Frau saß lin__ neben ihm und __engelte …

A Das ist ja unheimlich!

Fantastisches – Unheimliches

A 1 Kopie der Bilder (KB-Seite 15); leere Zettel, Kopiervorlage 2/1 „Redemittel zur Bildbeschreibung"
A 7 leere Zettel; Kopiervorlage 2/2 „Würfelspiel zu Finalsätzen" *(Variante)*

A 1 Focus Einstieg ins Thema „Fantastisches und Unheimliches": über Fotos sprechen
Material Kopie der Bilder, in Teile zerschnitten; leere Zettel; Kopien von Kopiervorlage 2/1 „Redemittel zur Bildbeschreibung"

1. Verteilen Sie die zerschnittenen Bilder so im Kurs, dass jeder TN einen Bildausschnitt bekommt. Fordern Sie die TN auf, ihre Partner zu finden, um das ganze Bild wieder zusammensetzen zu können. Sobald sich auf diese Weise fünf Gruppen zusammengefunden haben, öffnen die TN ihre Bücher und betrachten das Original ihres zerschnittenen Bildes.

2. Regen Sie die Gruppenarbeit an, indem Sie auf den Ausruf „Das ist ja unheimlich!" aufmerksam machen und fragen: „Was ist an Ihren Bildern unheimlich?". Geben Sie den TN Zeit zum Betrachten ihres Bildes und verteilen Sie die Kopien von Kopiervorlage 2/1. Die Gruppen beschreiben mit Hilfe der vorgegebenen Redemittel die unheimliche Situation auf ihren Bildern, wobei sie sich an den Leitfragen (Wo? Wer? Was? Wann?) orientieren. Anschließend überlegen die TN in der Gruppe, was sie in der auf ihrem Bild dargestellten Situation machen würden. Zum Abschluss suchen die TN noch nach einem möglichst passenden Titel für ihr Bild (s. u. Methodentipp). Bitten Sie die TN nun, ihre Ergebnisse im Plenum vorzustellen. Dabei fassen die Gruppen auch kurz zusammen, was sie in der jeweiligen Situation machen würden und fragen die anderen TN, ob sie noch andere Ideen haben.

3. Fragen Sie die TN „Welche Situationen finden Sie persönlich unheimlich, gefährlich oder schrecklich?" Verteilen Sie die leeren Zettel und fordern Sie die TN auf, möglichst kurz eine Situation zu beschreiben, in der sie im Alltag Angst haben oder die ihnen unheimlich ist. Schreiben Sie dann sprachliche Strukturen für die Umfrage im Kurs an die Tafel:

   Findest du es auch unheimlich / gefährlich / schrecklich, ... zu ...?
   Findest du es auch unheimlich / gefährlich / schrecklich, wenn ...?
   Hast du auch Angst vor ... (+ Dativ)?

   Die TN gehen nun im Raum umher und finden heraus, ob die anderen TN die beschriebene Situation ebenfalls unheimlich, gefährlich oder schrecklich finden. Zum Abschluss berichten einige TN im Plenum.
   Variante: Faltspiel: Teilen Sie die TN in Sechsergruppen ein und geben Sie jeder Gruppe ein Blatt Papier mit dem Anfangssatz „Unheimlich ist, wenn ..." Die TN ergänzen den Satzanfang, falten das Papier so, dass ihr Satz nicht mehr zu sehen ist und der nächste TN fährt genauso fort. Am Ende werden alle Sätze im Plenum vorgelesen.

Arbeitsbuch 1–2: Wortschatzarbeit zu „Fantastisches und Unheimliches"
1 Begriffe, Bilder und Definitionen mit Hilfe des Wörterbuchs zuordnen (Hausaufgabe oder Partnerarbeit)
2 Tabelle vervollständigen und Ergebnisse vorstellen (Partnerarbeit)

METHODE

Arbeit mit Bildern

Die Arbeit mit Bildern im Unterricht kann auf sehr unterschiedliche Weise realisiert werden und vielfältigen Lernzielen dienen (z. B. dem Einstieg in ein Thema, als Gesprächsanlass, der Wortschatzarbeit oder kreativen Schreibaufgaben). Um das methodisch-didaktische Potential von Bildern optimal zu nutzen, ist es wichtig, den TN Aufgaben zu stellen, die sie über das bloße Betrachten und Kommentieren eines Bildes hinausführen. Ziel dieser Aufgaben sollte es sein, dass die TN das Gesehene versprachlichen, sich über ihre individuellen Wahrnehmungsprozesse verständigen und ihre fremdsprachlichen Fähigkeiten kreativ einsetzen. Da Wahrnehmung immer eine gewisse Interpretation mit einschließt, ist es wichtig, Bildbeschreibungen nicht als „richtig" oder „falsch" zu bewerten. Vielmehr kommt es darauf an, die unterschiedlichen Sichtweisen der TN nebeneinander zu stellen und auf ihren Entstehungszusammenhang hin zu untersuchen. Insgesamt ist darauf zu achten, dass eine gewisse Spannung erhalten bleibt, indem die TN z. B. in Kleingruppen unterschiedliche Bilder bearbeiten, oder Bilder beschrieben werden, die andere TN (zunächst) nicht sehen. Folgende Vorgehensweisen bieten sich für die Arbeit mit Bildern an:

Präsentation:
- Bilder wie in A1 zerschneiden und zur Gruppenbildung nutzen
- Bilder auf OHP-Folie kopieren, zunächst nur Ausschnitte zeigen und über das gesamte Bild bzw. die Situation spekulieren lassen

Beschreibung:
- Leitfragen wie in A1 vorgeben: Wer? Wo? Was? Wann? Wie? Warum? (Wortschatzerweiterung, Kontext für das Bild erstellen)
- Redemittel vorgeben (siehe Kopiervorlage 2/1)
- Titel für das Bild finden lassen
- Gegenüberstellung von objektivem und subjektivem Bildinhalt: zunächst nur benennen lassen, was man *wirklich* auf dem Bild sehen kann, dann Interpretationen, Spekulationen und Kommentare zulassen
- Frage bei Fotos aus den deutschsprachigen Ländern: „Könnte das Bild aus Ihrem Land stammen? Warum (nicht)?"
- Thematisieren von Bildausschnitt und Perspektive: „Warum hat der Fotograf/der Maler diesen Ausschnitt, diese Perspektive gewählt? Welche Absicht könnte dahinter stehen?"

Transfer:
- kreative Schreibaufgaben: Geschichten zum Bild schreiben lassen („Was ist vorher/später passiert?")
- Dialoge zwischen abgebildeten Personen entwerfen und inszenieren lassen
- ‚Stille Post': Ein TN bekommt ein Bild, flüstert einem anderen TN die Beschreibung zu, dieser gibt die Beschreibung wieder per ‚stille Post' weiter, bis alle TN dran waren. Der Letzte in der Runde erzählt, was er gehört hat, dann Vergleich mit dem Bild.

Variante: Nach dem Flüstern halten die TN ihre Beschreibung schriftlich fest, am Ende wird der Veränderungsprozess der Beschreibung thematisiert.

A 2 Focus Leseverständnis: Texte mit Hilfe von Stichwörtern zusammenfassen

1. Lesen Sie mit den TN die Überschriften und lassen Sie die TN vermuten, worum es in den Texten geht, was für eine Art Text sie lesen werden und wo diese Texte stehen könnten *(persönliche Erlebnisberichte aus einer Zeitschrift).*
2. Erklären Sie den TN, dass sie beim anschließenden Lesen 5–8 Stichwörter zu den Texten anfertigen sollen, um im Anschluss mündlich berichten zu können. Weisen Sie darauf hin, dass die Stichwörter nur die wichtigsten Informationen festhalten sollen. Erinnern Sie evtl. an die W-Fragen aus A1 (Wo? Wer? Was? Wann?), die auch einen Ausgangspunkt für die Textwiedergabe bilden können. Die Funktion hiervon ist, dass sich die TN von den komplexen sprachlichen Strukturen in den Originaltexten lösen, um den Handlungsstrang bzw. die Reihenfolge der Ereignisse mit Hilfe von vereinfachten sprachlichen Strukturen mündlich wiedergeben zu können.
3. Lesen Sie den ersten Text gemeinsam und sammeln Sie Stichwörter zu den wichtigsten Aspekten (z. B. abendliche Fahrt aufs Land; Feldweg als Abkürzung; Begegnung mit Moorleichen; Flucht; Entschluss, bewusster zu leben) an der Tafel, um die Aufgabenstellung und Vorgehensweise zu verdeutlichen.

4. Lassen Sie möglichst stärkere mit schwächeren TN zusammenarbeiten, die (restlichen) Texte lesen und Stichwörter zu jedem Text anfertigen. Gehen Sie herum und helfen Sie bei schwierigen Wörtern, damit die TN nicht an unwichtigen Details in den Texten hängen bleiben.
   Variante: Teilen Sie die TN in drei Kleingruppen ein, in denen sowohl schwächere als auch stärkere TN vertreten sind. Weisen Sie den Gruppen jeweils einen Text zu und die Aufgabe, sich auf 5–8 Stichwörter zu einigen. Danach finden sich die TN in Mischgruppen (s. Methodentipp, S. XIII) zusammen, in denen die „Experten" jeweils über ihren Text berichten.

Lösungsvorschlag: **Text 1:** siehe Schritt 3; **Text 2:** erfolglose Wohnungssuche, Traumwohnung gesehen, keine Hoffnung, Termin mit Makler, zufällig Traumwohnung bekommen, Wünsche können Realität werden; **Text 3:** Winternachmittag, zu Hause im Flur, Handschuh verschwunden, Suche ohne Erfolg, unheimlicher Flur, natürliche Erklärung; **Text 4:** Mutter nachts zu Hause, kranker Sohn in Klinik (USA), Wind öffnet Balkontür, Mutter fühlt „Besuch" vom Sohn, Sohn gestorben

5. Die TN entscheiden, welchen Text sie am interessantesten finden und bilden dementsprechende Gruppen. In diesen Gruppen erzählen die TN, warum der ausgewählte Text sie am meisten interessiert. Anschließend vergleichen die TN ihre Stichwörter zu dem Text und beraten, welche die beste Basis für eine Präsentation ihres Textes im Plenum bilden.
6. Ein Vertreter jeder Gruppe berichtet über den jeweiligen Text und darüber, warum die Teilnehmer diesen Text für besonders interessant halten.
   Zusatzübung: Schreiben Sie die folgenden Fragen an die Tafel und regen Sie die TN dazu an, die Erlebnisberichte auf der Basis der Antworten zu diesen Fragen zu vergleichen. Falls im Rahmen der Präsentationen bisher noch keine der benötigten Informationen aufgetaucht sind, dann geben Sie den TN Zeit, in den Texten nach den Antworten zu suchen.

Was ist an dem beschriebenen Erlebnis unheimlich?
Wie erklärt sich die Person das Ereignis?
Wie reagiert die Person auf das Ereignis?

A 3 Focus freies Sprechen: über Textaussagen sprechen

1. Die TN diskutieren, ob es eventuell eine natürliche Erklärung für die in den Texten beschriebenen Erlebnisse gibt und versuchen zusammen zu rekonstruieren, was „wirklich" passiert ist.
2. Jede Gruppe stellt ihre „beste" Erklärung für das jeweilige Erlebnis vor. Fragen Sie, was die TN in einer vergleichbaren Situation machen würden und welche Erklärung für sie persönlich plausibel oder akzeptabel wäre.
3. Geben Sie den TN Zeit (evtl. als Hausaufgabe), darüber nachzudenken, ob sie persönlich auch schon einmal etwas Unheimliches, Rätselhaftes erlebt haben oder von einem solchen Erlebnis gehört haben. Lassen Sie freiwillige TN berichten.

Internationale Kurse: Dieses Thema bietet auch einen guten Redeanlass für kulturelle Unterschiede. Die TN finden sich in nationalen Gruppen zusammen und überlegen sich, wie sich Menschen in ihrem Land unheimliche Begebenheiten erklären. Wenn den TN dazu nichts einfällt, können Sie ihnen vorschlagen, über eine Legende oder Sage mit unheimlichen Begebenheiten zu berichten bzw. Orte vorzustellen, an denen es „spukt". Dies wird zunächst in der Gruppe erarbeitet und dann im Plenum berichtet.

Sprachhomogene Kurse: Die TN finden sich in Gruppen zusammen und überlegen sich, wie sich Menschen in ihrem Land unheimliche Begebenheiten erklären. Dann versuchen sie möglichst viele Legenden oder Sagen mit unheimlichen Begebenheiten aus ihrem Land zu finden. Die Ergebnisse werden im Plenum an der Tafel gesammelt. Nun bilden all jene TN eine Gruppe, die eine der Legenden oder Sagen gut kennen, rekonstruieren diese und berichten dann im Plenum darüber.

A 4 Focus Grammatik: Finalsätze im Text entdecken

1. Erläutern Sie die Aufgabenstellung, indem Sie die TN anhand des Beispielsatzes darauf aufmerksam machen, dass die Sätze mit Hilfe der Texte in A2 zu ergänzen sind. Die TN suchen nach den Textstellen in A2 und vervollständigen die Sätze.
Lösung: Text in A2

2. Lassen Sie die TN die fehlenden Satzteile vorlesen und schreiben Sie sie an die Tafel. Fragen Sie: „Was ist in diesen Sätzen gleich?" Unterstreichen Sie „um ... zu" und heben Sie auch die Infinitive (in einer anderen Farbe) hervor. Fragen Sie anschließend: „Was ist der Inhalt von diesen Sätzen?" Nehmen Sie die Erklärungsversuche der TN zum Anlass, den Begriff „Finalsatz" einzuführen, und weisen Sie darauf hin, dass diese Sätze immer Auskunft über ein Ziel oder eine Absicht geben. Anschließend fragen Sie: „Wo ist das Subjekt in diesem Satz?" Machen Sie die TN darauf aufmerksam, dass in „um zu + Infinitiv-Sätzen" kein Subjekt steht und das Subjekt aus dem Hauptsatz auch hier gilt. Gehen Sie zum Abschluss noch auf die Sätze 2 und 5 ein, um den TN zu zeigen, dass „zu" bei trennbaren Verben nach der Vorsilbe steht.

2. Um ein paar Kilometer abzukürzen, ...
3. ..., um mich zu holen.
4. ..., um mit mir einen Besichtigungstermin zu vereinbaren.
5. ..., um mir die Wohnung anzuschauen.
6. ..., um den Handschuh zu finden.
7. ..., um sich noch einmal einer Chemotherapie zu unterziehen.
8. ..., um zu erfahren, ...

→ ZIEL/Absicht

A 5 Focus Grammatik: Systematisierung der Finalsätze; Regeln ergänzen

Die TN lesen den Beispielsatz im Kasten, unterstreichen in Partnerarbeit „um ... zu" in den ergänzten Beispielsätzen und ergänzen dann die Regel. Sollten beim anschließenden Vergleich im Plenum Unsicherheiten auftauchen, dann fügen Sie hier die Erklärungen für langsame Lerner aus A4 ein.
Lösung: **1** Ziel; **2** Subjekt; **3** Vorsilbe

Arbeitsbuch 3–9: Hörverständnis; Wortschatz- und Grammatikübungen zu Finalsätzen

3	Hörverständnis: Notizen machen, Bericht anhand der Notizen anfertigen (Kleingruppenarbeit oder Hausaufgabe)
4	Lückentext mit Finalsätzen ergänzen, Vergleich durch nochmaliges Hören (im Kurs oder Hausaufgabe)
5	Sätze mit „um ... zu" bilden (Hausaufgabe)
6	Wortschatz: Zuordnungsübung als Vorbereitung auf Übung 7 (Hausaufgabe)
7	Finalsätze mit dem Wortschatz aus Übung 6 bilden (Hausaufgabe)
8	Syntax: „zu" in den Sätzen ergänzen (Hausaufgabe)
9	Schreibübung: Sätze mit „um ... zu" ergänzen (Hausaufgabe)

A 6 Focus gelenkte Anwendungsübung: Fragen mit „wozu" bilden, Kurzantworten mit Finalsätzen geben

1. Erklären Sie die Aufgabenstellung, indem Sie die TN auffordern, aus den vorgegebenen Stichwörtern Fragen bzw. Antworten zu formulieren. Verweisen Sie auf das Beispiel im Buch und sammeln Sie 2–3 weitere Beispiele an der Tafel.
2. Die TN schreiben die restlichen Fragen und Antworten in Partnerarbeit.
3. Die TN stellen sich gegenseitig Fragen und suchen nach der passenden Antwort. Dabei übernehmen sie abwechselnd die Rolle des Fragenden und Antwortenden.

A 7 Focus freie Anwendungsübung: Fragen mit „wozu" bilden, Kurzantworten mit Finalsätzen geben
Material leere Zettel; *Variante:* Kopien von Kopiervorlage 2/2 „Würfelspiel zu Finalsätzen"

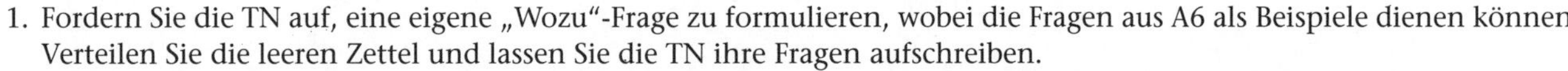

1. Fordern Sie die TN auf, eine eigene „Wozu"-Frage zu formulieren, wobei die Fragen aus A6 als Beispiele dienen können. Verteilen Sie die leeren Zettel und lassen Sie die TN ihre Fragen aufschreiben.
2. Sammeln Sie die Zettel ein, verteilen Sie sie neu und lassen Sie die Fragen als Kettenübung stellen und beantworten.
   Variante: Teilen Sie die TN in Gruppen ein. Die Gruppen bekommen jeweils einen Stapel der Zettel mit den Fragen. Die TN ziehen der Reihe nach eine Frage, auf die alle anderen Gruppenmitglieder antworten müssen.
   Variante: ‚Faltspiel' (vgl. Spieltipp Tangram aktuell 2, Lektion 1, B-Teil) Jeder TN schreibt eine „Wozu"-Frage auf einen Zettel und gibt ihn weiter, der nächste TN beantwortet die Frage, knickt seine Antwort so um, dass nur noch die Frage zu sehen ist und gibt den Zettel weiter. Die Zettel kreisen so lange im Kurs, bis jeder TN jede Frage beantwortet hat. Am Ende werden die Fragen und die verschiedenen Antworten vorgelesen.
   Variante: Die TN finden sich in Vierergruppen zusammen und bekommen jeweils eine Kopie der Kopiervorlage 2/2 und einen Stapel der zuvor im Kurs angefertigten „Wozu"-Fragen. Erläutern Sie den TN, dass sie auf den ?-Feldern eine „Wozu"-Frage ziehen und beantworten müssen; auf den Feldern mit den Finalsätzen dagegen sind passende „Wozu"-Fragen zu formulieren. Erklären Sie den Spielablauf, gehen Sie herum, um zu helfen und zu korrigieren.

Arbeitsbuch 10: Schreibübung: Zeitungsbericht zu Schlagzeilen verfassen (Hausaufgabe)

B Hellseher, Wahrsager und andere Zukunftsdeuter

B 7 Kopiervorlage 2/3 „Bildkarten"

B 1 Focus Einstieg ins Thema „Zukunftsdeutung": Begriffe den Bildern zuordnen

1. Fragen Sie die TN bei geschlossenen Büchern: „Kennen Sie Methoden, in die Zukunft zu schauen?" und lassen Sie sie in Gruppen überlegen, welche Personen wann und wie Aussagen über die Zukunft treffen. Falls die TN keine Ideen haben, können Sie eins der im Buch vorgegebenen Beispiele nennen. Sammeln Sie die Ideen der TN an der Tafel.
2. Die TN öffnen ihre Bücher und ordnen gemeinsam die Begriffe den Bildern zu.

Lösung: **A** Wahrsagen; **B** Wahlrede; **C** Horoskop; **D** Wettervorhersage; **E** Wahlprognose; **F** Zukunftsforschung; **G** Weltbevölkerungsprognose

3. Die TN vergleichen ihre Ergebnisse und berichten über die von ihnen selbst genannten Methoden, in die Zukunft zu schauen. Zum Abschluss versuchen die TN das Zitat „Wer nichts weiß, der muss alles glauben" zu erklären, indem sie es mit den vorab geklärten Begriffen in Verbindung bringen (z. B. „Wer nichts über Politik weiß, der muss den Wahlreden glauben.").
   Zusatzübung: Schreiben Sie den Anfang des Zitats an die Tafel („Wer nichts weiß, der ..."), und lassen Sie die TN den Satz in Partnerarbeit vervollständigen und ihre Antworten in Form einer Kettenübung vorstellen. Sie können die TN auch Plakate mit ihren Sätzen anfertigen lassen, die später aufgehängt werden. Die TN stellen dann ihren Satz vor und nehmen die unterschiedlichen Ideen/Meinungen zum Anlass für eine Diskussion.

B 2 Focus freies Sprechen zum Thema „Zukunftsdeutung“: über seriöse und unseriöse Prognosen sprechen

1. Lassen Sie die TN die Aufteilung der Zukunftsvorhersagen aus B1 in „seriöse“ und „unseriöse“ Prognosen zunächst in Stillarbeit vornehmen, indem sie die Tabelle im Buch vervollständigen.

2. Regen Sie nun die TN dazu an, in Kleingruppen darüber zu diskutieren, welche der im Buch (und zusätzlich) genannten „Methoden“ als seriöse bzw. unseriöse Prognosen gelten können. Fordern Sie die TN auf, ihre individuellen Einstellungen jeweils zu begründen. Dabei sollten die TN auch darüber sprechen, an welche Zukunftsvorhersagen sie persönlich (nicht) glauben oder auf welche sie sich selbst oft / nie verlassen.

3. Schreiben Sie die Tabelle an die Tafel und die „Methoden“ in die Mitte der Tabelle. Erstellen Sie nun ein Meinungsspektrum, indem Sie fragen, wer die jeweilige „Methode“ für seriös bzw. unseriös hält, und notieren Sie die Zahl der TN in der entsprechenden Tabellenspalte.

Seriöse Prognosen		Unseriöse Prognosen
	Wettervorhersage Wahlrede Horoskop Wahrsagen Weltbevölkerungsprognose Wahlprognose Zukunftsforschung	

Greifen Sie anschließend diejenigen Prognosen auf, zu denen im Kurs besonders unterschiedliche Einstellungen vorhanden sind, und lassen Sie Argumente für und gegen die Prognosen nennen. Fragen Sie außerdem auch nach der Funktion der einzelnen Prognosen.

4. Regen Sie die TN dazu an zu vergleichen, bzw. gemeinsam zu überlegen, welchen Status die einzelnen Prognosen in ihren Ländern / in ihrem Land haben: Wer glaubt an oder verlässt sich auf Wahlreden, wer geht zu Wahrsagern, was erwartet man von einer Wahlrede etc.

B 3 Focus globales Hörverständnis zu verschiedenen Prognosen

1. Spielen Sie die Hörtexte vor. Die TN nummerieren die Begriffe entsprechend den Hörtexten und vergleichen ihre Lösungen in Partnerarbeit. Bei Unklarheiten können Sie die jeweiligen Texte noch einmal vorspielen.

Lösung: **1** Wettervorhersage; **2** Wahrsagen; **3** Zukunftsforschung; **4** Wahlrede; **5** Horoskop; **6** Wahlprognose; **7** Weltbevölkerungsprognose

2. Fordern Sie die TN auf, die Hörtexte noch einmal zu hören und dabei darauf zu achten, <u>wie</u> die Personen sprechen (z. B. *schnell, laut, geheimnisvoll, selbstbewusst* etc.). Machen Sie beim Vorspielen Pausen, so dass die TN in Partnerarbeit nach einer passenden Beschreibung für jeden Hörtext suchen können.

3. Sammeln Sie die Beschreibungen der Hörtexte an der Tafel und gehen Sie dabei auch auf die Inhalte der Hörtexte ein: In welchem Hörtext werden Versprechungen gemacht? In welchem geht es um Wünsche? Welcher basiert auf statistischen Prognosen? etc.
4. Fragen Sie die TN, ob es Prognosen gibt, die sich (ihrer Form oder ihrem Inhalt nach) von denen in ihrem Land / ihren Ländern unterscheiden. Spielen Sie die Hörtexte dazu evtl. noch einmal vor und sammeln Sie anschließend die Antworten im Plenum.

B 4 Focus Grammatik: Markieren der Futur-I-Formen

1. Die TN lesen die Aussagen und identifizieren sie als Ausschnitte aus den verschiedenen Prognosen in B3, indem sie sie mit der Lösung in B3, Schritt 1 vergleichen.
2. Erläutern Sie die Aufgabenstellung am vorgegebenen Beispiel und lassen Sie die TN gemeinsam die Sätze mit „werden“ im zweiten Text heraussuchen.

3. Fordern Sie die TN auf, die verbleibenden Sätze mit „werden“ zu suchen und die Verben zu unterstreichen. Die TN vergleichen ihre Lösungen mit ihrem Partner und nur bei Unsicherheiten im Plenum.

B 5 Focus Grammatik: Systematisierung des Futur I, Regeln ergänzen

1. Die TN tragen fünf Sätze aus den Texten in B4 in das vorgegebene Muster im Buch ein.
   Lösung: vgl. Textausschnitte in B4
2. Legen Sie eine Übersicht wie im Buch an der Tafel an und tragen Sie fünf Beispielsätze ein. Fragen Sie die TN, warum „werden" auf unterschiedlichen Positionen im Satz stehen kann. Unterstreichen Sie Haupt- und Nebensätze in unterschiedlichen Farben.

3. Die TN ergänzen gemeinsam die Regeln mit Hilfe der Beispielsätze und vergleichen ihre Lösungen anschließend im Plenum.
   Lösung: 1 Zukunft; 2 Infinitiv; 3 Hauptsatz; 4 Nebensatz

Arbeitsbuch 11–14: Wortschatz- und Grammatikübungen zum Futur I
11 Zuordnungsübung: Begriffe den Bildern zuordnen (Partnerarbeit oder Hausaufgabe)
12 Schreibübung: über Erfindungen und Entdeckungen schreiben (Hausaufgabe)
13 Anwendungsübung: Aussagen ergänzen und über sie sprechen (im Kurs oder Hausaufgabe)
14 Schreibübung: über die Zukunft schreiben (Hausaufgabe)

B 6 Focus selegierendes Hörverständnis: Notizen schriftlich und mündlich zusammenfassen

1. Spielen Sie den TN den ersten Abschnitt des Hörtextes bei geschlossenen Büchern vor und fragen Sie: „Wie viele Personen sprechen?", „Wer sind sie?", „Wo sind sie?", „Was machen sie?"
2. Die TN öffnen ihre Bücher, überprüfen ihre Vermutungen anhand der Überschrift und des Bildes. Anschließend lesen sie die vorgegebenen Notizen durch. Erklären Sie die Aufgabe, indem Sie an der Tafel eine entsprechende Liste anlegen und evtl. mit den TN weitere Stichwörter beim Hören ergänzen.

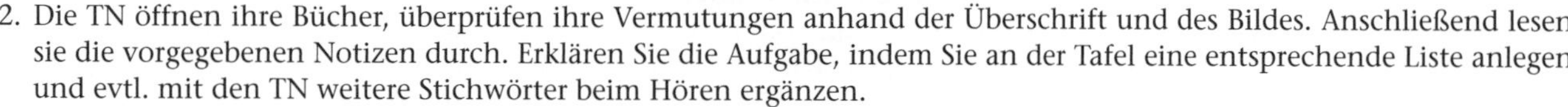

3. Teilen Sie die Gruppe auf, so dass eine Hälfte der TN nur auf die Vorhersagen für den Mann und die andere Hälfte nur auf die für die Frau achten muss.
4. Spielen Sie den Hörtext (mehrmals, mit Pausen) vor und lassen Sie die TN die Notizen sortieren.
5. Die TN berichten sich gegenseitig, was die Wahrsagerin über den Mann und die Frau gesagt hat und vergleichen auf diese Weise ihre Lösungen. Bei Unstimmigkeiten können Sie den Hörtext noch einmal vorspielen.
   Lösung: **Frau:** den Mann nie wieder sehen; blonder Mann; heiraten; drei Kinder bekommen; ihren Beruf nicht aufgeben
   Mann: die Frau nie wieder sehen; viel Geld verdienen; allein leben; eine rothaarige Frau kennen lernen; nicht heiraten, gemeinsam ein Geschäft führen
6. Spielen Sie das Ende des Hörtextes noch einmal vor und fragen Sie die TN, wie die Frau und der Mann auf die Vorhersagen der Wahrsagerin reagieren. Lassen Sie die TN sich anschließend gegenseitig fragen, ob sie schon einmal bei einer Wahrsagerin waren, oder wie sie persönlich mit einer solchen Vorhersage umgehen würden.

B 7 Focus Anwendungsübung zum Thema „Wahrsagen", freies Sprechen
Material Kopien von Kopiervorlage 2/3 „Bildkarten"*

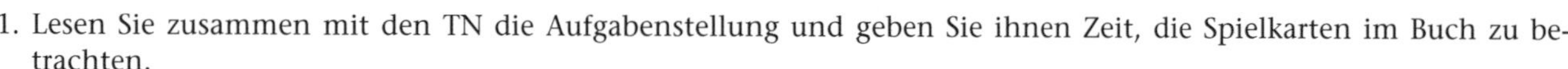

1. Lesen Sie zusammen mit den TN die Aufgabenstellung und geben Sie ihnen Zeit, die Spielkarten im Buch zu betrachten.
2. Verteilen Sie die kopierten Bildkarten der Kopiervorlage 2/3. Jedes Paar erhält einen Stapel. Spielen Sie mit zwei TN Wahrsager/in. Ein TN zieht drei Karten und legt sie aufgedeckt auf den Tisch. Der andere TN übernimmt die Rolle der Wahrsagerin und erfindet Aussagen zur Vergangenheit, Gegenwart und Zukunft seines Partners. Sie können auch selbst die Rolle des Wahrsagers oder der Wahrsagerin übernehmen. Anschließend werden die Karten wieder in den Stapel gemischt und die TN tauschen die Rollen. Lassen Sie die TN diese Aktivität öfter wiederholen, evtl. können sich die TN dafür auch neue Partner suchen.

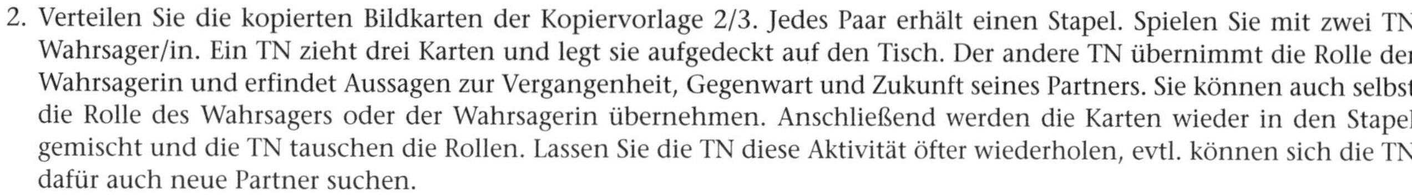

3. Die Paare trennen sich und die TN bilden Kleingruppen, in denen sie darüber berichten, was ihnen jeweils über ihre Zukunft vorausgesagt wurde. Dabei sollen die TN auch erzählen, inwiefern die Prophezeiungen mit ihren Plänen für die Zukunft übereinstimmen.
   Zusatzübung: Die TN schreiben als Hausaufgabe einen Text darüber, ob ihnen die Voraussagen gefallen haben und welche Pläne sie für ihre Zukunft haben.

* Die Bildkarten stammen aus: Heidenhain/Fährmann, Bildkarten für den Sprachunterricht, Max Hueber Verlag, München 1994. Bestellnummer: 002418–9

C Der Ton macht die Musik

Focus Originallied hören und singen

1. Lesen Sie gemeinsam mit den TN die biografischen Angaben zu Heinz Erhardt und spielen Sie den Anfang des Liedes (Zeile 1–5) vor. Fragen Sie: „Wer ist Tante Hedwig?", „Was ist sie von Beruf?" und lenken Sie die Aufmerksamkeit der TN auch auf die abgebildeten Karten und den Lottoschein.
2. Die TN schließen ihre Bücher und Sie schreiben die Frage „Wann kann man zu Tante Hedwig gehen?" an die Tafel. Spielen Sie nun das Lied ganz vor und überprüfen Sie mittels der Frage, was die TN verstanden haben.
3. Die TN öffnen nun die Bücher, lesen und singen mit. Klären Sie evtl. schwierige Wörter und Wendungen.

Arbeitsbuch 15–20: Differenzierung der Laute „l", „n", „r"

15 Spielen Sie den Hörtext vor und machen Sie die TN auf die unterschiedlichen Laute und ihre Schreibweise aufmerksam.

16 Die TN hören die Beispiele und markieren die Laute. Anschließend vergleichen sie ihre Lösungen in Partnerarbeit und achten beim zweiten Hören auf die Beispiele, bei denen es Unstimmigkeiten gab.

17 Spielen Sie die Anleitung zur Bildung und Differenzierung von „n" und „l" vor, machen sie mit und ermuntern Sie die TN, die Übung auszuführen.

18 Die TN hören weitere Wortpaare und sprechen sie nach. Gehen Sie herum und helfen Sie bei Ausspracheproblemen durch gezielte Tipps zur Lautbildung.

19 Die TN ergänzen die fehlenden Buchstaben und lesen die Wörter dann in Form einer Kettenübung vor. Danach spielen Sie die Wörter auf CD vor und die TN kontrollieren ihre Lösungen.

20 Spielen Sie die Gedichte vor und lassen Sie die TN jeweils ein Gedicht auswählen, das ihnen am besten gefällt. In Kleingruppen üben die TN das Gedicht ein, korrigieren gegenseitig ihre Aussprache und Intonation. Anschließend einigen sich die TN in der Gruppe auf eine Vortragsform (längere Gedichte können z. B. aufgeteilt werden, kürzere mehrmals vorgetragen werden) und präsentieren ihr Gedicht im Plenum.

D Alternative Medizin

D 2 Kopie der Tabelle (KB-Seite 22) auf OHP-Folie, Kopie des zweiten Textes (KB-Seite 23) auf OHP-Folie
D 5 Kopiervorlage 2/4 „Passiv"
D 6 Kopiervorlage 2/5 „Rollenvorgaben"

Arbeitsbuch 21–23 *(vor Kursbuch D1!)*: Wortschatzübung zu Krankheiten und Heilmitteln; Grammatikwiederholung: „wenn"-Sätze

21 Wortschatzübung: Begriffe den Bildern zuordnen (Partnerarbeit oder Hausaufgabe)

22 Sprech- oder Schreibübung: über Krankheiten und Heilmittel sprechen (Kleingruppe) oder schreiben (Hausaufgabe); Wiederholung der „wenn"-Sätze

23 Wortschatzübung: Krankheiten den Erklärungen zuordnen, weitere Krankheiten finden (Partnerarbeit oder Hausaufgabe)

D 1 Focus Einstieg ins Thema „Alternative Medizin"; Begriffe den Fotos zuordnen

1. Zeigen Sie auf die Bilder, lassen Sie die TN die Fotos betrachten. Fragen Sie: „Kennen Sie eine Heilmethode?" Verweisen Sie dann auf die Begriffe, die von den TN ergänzt werden sollen. Wenn bestimmte Methoden einigen TN unbekannt sind, lassen Sie andere TN eine kurze Erklärung geben. Anschließend lenken Sie die Aufmerksamkeit der TN wieder auf die Bilder und fragen, womit bzw. wie bei den einzelnen Methoden gearbeitet wird.

Lösung: **B** Aromatherapie; **C** Fußreflexzonenmassage; **D** Akupunktur; **E** Chirotherapie; **F** Hypnose

2. Fragen Sie die TN, ob sie die abgebildeten Heilmethoden schon einmal persönlich kennen gelernt haben und lassen Sie freiwillige TN von ihren Erfahrungen berichten.

Internationale Kurse: Bei der Einschätzung darüber, welche Heilverfahren nun zur „Alternativen Medizin" bzw. zur „Schulmedizin" gehören, können sich interessante kulturelle Unterschiede ergeben. Daher empfiehlt es sich, die TN in nationalen Gruppen arbeiten zu lassen. Die TN ordnen die dargestellten Heilverfahren den beiden Kategorien zu und suchen für beide Kategorien nach weiteren Heilverfahren. Dabei sollten sich die Gruppen auch mit der Frage beschäftigen, wie populär diese Methoden in ihrem Land sind. Die Ergebnisse werden dann von den einzelnen Gruppen im Plenum vorgestellt und gegebenenfalls erläutert.

Sprachhomogene Kurse: Die TN ordnen in Gruppen die bereits dargestellten Heilverfahren den beiden Kategorien zu, suchen für beide Kategorien nach weiteren Heilverfahren. Dabei sollten sie sich auf ein Heilverfahren einigen, das in ihrem Land entweder besonders populär/aktuell/modern/neu oder besonders umstritten ist, und auch Gründe dafür sammeln. Anschließend stellen die Gruppen im Plenum ihre Ergebnisse vor und erklären sich gegebenenfalls unbekannte Wörter.

D 2 Focus selegierendes Leseverständnis: Tabelle mit Informationen aus dem Text ergänzen

Material Kopie der Tabelle (KB-Seite 22) auf OHP-Folie; Kopie des zweiten Textes (KB-Seite 23) auf OHP-Folie

1. Übertragen Sie die Tabelle aus dem Buch an die Tafel und suchen Sie gemeinsam mit den TN nach den fehlenden Informationen aus dem ersten Text.

2. Die TN lesen die anderen beiden Texte in Einzel- oder Partnerarbeit und ergänzen die Tabelle. Geben Sie für das Lesen eine Zeitvorgabe von zehn Minuten, damit sich die TN auf die gefragten Informationen konzentrieren (selegierendes Lesen). Ein Paar ergänzt die Tabelle auf OHP-Folie, so dass die Ergebnisse am Ende im Plenum verglichen werden können.

Lösung: Aromatherapie; Kopfschmerzen, Husten, Schlafstörungen, nein; Chirotherapie; Rücken- und Kopfschmerzen, ja; Akupunktur; Kopfschmerzen, Migräne, Asthma, Allergien, psychosomatische Herzbeschwerden, Bluthochdruck, Schlafprobleme, Depressionen, ja

Fortsetzung von D 2 Focus totales oder detailliertes Leseverständnis: Text mit eigenen Worten zusammenfassen

3. Präsentieren Sie den zweiten Text auf OHP-Folie, und suchen Sie schrittweise mit den TN nach Textstellen mit Informationen zu den folgenden Leitfragen: „Woher kommt die Methode?", „Seit wann gibt es sie?", „Welche Mittel sind notwendig?", „Wie funktioniert die Behandlung?", „Wie wirkt die Methode?" Markieren Sie die Textstellen in unterschiedlichen Farben und lösen Sie komplexe Satzgefüge zusammen mit den TN auf, um die Antworten nicht direkt aus dem Text zu übernehmen.

4. Schreiben Sie Leitfragen und die Bezeichnungen der Methoden in Form einer Tabelle an die Tafel (siehe Tafelbild). Fordern Sie die TN auf, sich in Kleingruppen zusammenzufinden und zu entscheiden, welcher Text sie am meisten interessiert. Achten Sie dabei darauf, dass jeder Text von mindestens einer Gruppe ausgewählt wird. In den Kleingruppen werden die Texte nun intensiv gelesen und die TN suchen nach den Details, die zur Beantwortung der Leitfragen wichtig sind. Dabei machen sie sich Notizen, um die Geschichte und Wirkungsweise der Methode im Anschluss in eigenen Worten vorstellen zu können. Für jede Methode kommt ein TN an die Tafel und ergänzt die entsprechende Spalte mit den gesammelten Informationen. Die anderen TN können ergänzend oder korrigierend eingreifen.

Lösungsvorschlag:

	Aromatherapie	Chirotherapie	Akupunktur
Woher kommt die Methode?	...	- Ägypten, Thailand	- aus China
Seit wann gibt es sie?	- seit langer Zeit	- seit 4.000 Jahren (in Deutschland seit Ende der 40er Jahre)	- seit 3.000 Jahren (in Deutschland erst seit einigen Jahrzehnten)
Welche Mittel sind notwendig?	- ätherische Öle aus Blüten, Blättern, Schalen	- spezielle Handgriffe (manuelle Therapie)	- Nadeln
Wie funktioniert die Behandlung?	- Inhalation, Einreiben (ins Badewasser geben, Massagen, Kompressen, Aromalampen)	- durch sanfte oder schnelle Bewegungen	- Nadeln in bestimmte Punkte stechen (Meridiane = Energieflüsse im Körper)
Wie wirkt die Methode?	- über den Geruchsinn, der unsere Gefühle steuert: beruhigt, entspannt oder regt an	- macht verspannte Muskeln und schmerzende Gelenke wieder beweglich	- harmonisiert den Energiefluss im Körper

5. Die Kleingruppen lösen sich auf und finden sich in neuen Gruppen zusammen, so dass immer mindestens ein „Experte" für eine bestimmte Methode in der Gruppe vertreten ist. Die TN erläutern dann in der Gruppe die Methoden mit Hilfe der Angaben in der Tabelle an der Tafel. Dabei sollen sie auch berichten, warum sie sich für bestimmte Heilverfahren interessieren, ob ihnen eine der Methoden schon einmal geholfen hat oder ob und warum sie die vorgestellten Methoden ablehnen. Regen Sie die TN dazu an, bei ihren Berichten auf die Bilder (KB-S. 22) zurückzugreifen oder mit Gesten und Zeichnungen zu arbeiten, um ihre Ausführungen zu veranschaulichen.

LANDESKUNDE

Alternative Heilverfahren in Deutschland

Eine zunehmende Zahl von Ärzten in Deutschland trägt die Zusatzbezeichnung „Arzt/Ärztin für Naturheilverfahren" und behandelt ihre Patienten nicht nur nach schulmedizinischen Prinzipien, sondern wendet auch verschiedene alternative Heilverfahren an. Die Zusatzbezeichnung können diese Ärzte führen, wenn sie an entsprechenden Weiterbildungskursen teilgenommen haben.

Behandlungen mit alternativen Heilverfahren gehören in Deutschland nicht zur medizinischen Grundversorgung, deren Kosten von den Krankenkassen übernommen werden. Deshalb müssen die Patienten vor Beginn der Behandlung mit alternativen Heilverfahren einen Antrag auf Kostenübernahme bei ihrer Krankenkasse stellen, der dann geprüft und gegebenenfalls auch bewilligt wird. Bei der Prüfung werden die Wirksamkeit, die medizinische Notwendigkeit und die Kosten der Heilmethode kontrolliert. In den letzten Jahren wurde die Wirksamkeit zahlreicher Naturheilverfahren zunehmend anerkannt und die Anträge auf Kostenübernahme werden immer öfter bewilligt. Allerdings gibt es keine allgemeine Regelung – jede Krankenkasse geht eigene Wege und jede Behandlung, die aus dem Rahmen fällt, wird individuell abgerechnet oder abgelehnt.

Neben den Ärzten für Naturheilverfahren stehen den Patienten in Deutschland auch so genannte „Heilpraktiker" zur Verfügung. Diese arbeiten ausschließlich mit homöopathischen Heilverfahren. Die Kosten für solche Behandlungen werden von den Krankenkassen generell nicht erstattet.

D 3 Focus freies Sprechen: Ratschläge formulieren

Die TN arbeiten weiterhin in den in D2 gebildeten „Expertenrunden". Jeder TN in der jeweiligen Gruppe übernimmt nun eine Krankheit, stellt sie den anderen vor und lässt sich Ratschläge geben. Die TN sollen ihr (neues) Wissen über alternative Heilmethoden anwenden und gemeinsam diskutieren, welche der Methoden bei den einzelnen Krankheiten am besten ist. In schwächeren Gruppen können Sie die TN für das Formulieren von Ratschlägen an die Konstruktion „Er/sie sollte ..." erinnern.

Lösungsvorschlag: 1 Chirotherapie, Akupunktur; 2 Akupunktur, Chirotherapie; 3 Akupunktur; 4 Akupunktur, Aromatherapie; 5 Aromatherapie; 6 Akupunktur; 7 Akupunktur; 8 Aromatherapie, Akupunktur

D 4 Focus Grammatik: Systematisierung und Semantisierung des Passivs; Regeln ergänzen

1. Die TN lesen die Sätze, markieren die Verben und vergleichen ihre Lösungen in Partnerarbeit.
2. Schreiben Sie den ersten Beispielsatz an die Tafel und fragen Sie die TN: „Wo ist das Subjekt in diesem Satz?" Unterstreichen Sie das Subjekt, und machen Sie die TN darauf aufmerksam, dass es in diesem Satz keine aktive, handelnde Person gibt, dafür aber die Handlung selbst wichtig ist. Führen Sie daraufhin den Begriff „Passiv" ein, und lenken Sie die Aufmerksamkeit der TN auf die Verbformen, indem Sie die Verben in einer anderen Farbe unterstreichen. Fragen Sie die TN, wie das Passiv gebildet wird (werden + Partizip Perfekt). Schreiben Sie nun die anderen Beispielsätze an die Tafel, markieren Sie Haupt- und Nebensatz und unterstreichen Sie die Verben. Fragen Sie die TN nun nach einer Erklärung für die unterschiedlichen Positionen von „werden", dem Partizip Perfekt und dem Modalverb. In schwächeren Gruppen sollten Sie die Regel gemeinsam mit den TN im Plenum ergänzen.

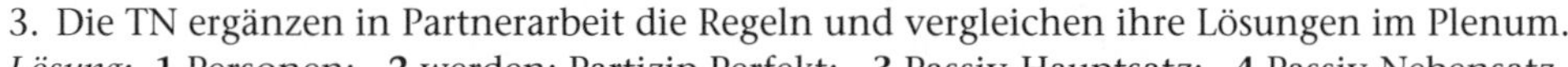

3. Die TN ergänzen in Partnerarbeit die Regeln und vergleichen ihre Lösungen im Plenum.

Lösung: **1** Personen; **2** werden; Partizip Perfekt; **3** Passiv-Hauptsatz; **4** Passiv-Nebensatz

4. Fordern Sie die TN auf, zusammen mit ihrem Partner die Passivsätze in einem der Texte aus D2 zu suchen, die Verben zu markieren und die Sätze zu schreiben. Achten Sie dabei darauf, dass alle Texte von mindestens zwei Paaren bearbeitet und dann verglichen werden. Gehen Sie herum, helfen Sie bei Problemen und Unsicherheiten.

Arbeitsbuch 24: Sätze im Passiv und im Passiv mit Modalverb bilden (Hausaufgabe)

D 5 Focus gelenkte Anwendungsübung: Lückentext mit Passivformen ergänzen
Material Kopien von Kopiervorlage 2/4 „Passiv"

Fordern Sie die TN auf, die Verbformen in dem Lückentext zu ergänzen und dabei auf Haupt- und Nebensätze zu achten. Die TN vergleichen dann ihre Lösungen in Partnerarbeit und evtl. auch im Plenum.

Lösung: wird ... zugeordnet; ausgelöst werden; wird angeregt; zugerechnet werden; wird ... praktiziert; wird ... angewendet; wird ... bezahlt

Zusatzübung: Verteilen Sie die Kopien von Kopiervorlage 2/4 und fordern Sie die TN auf, in den Texten über weitere alternative Heilmethoden die Passivformen zu ergänzen.

Arbeitsbuch 25–29: Leseverständnis; Grammatikübungen zum Passiv

25 Leseverständnis: Fragen den Antworten zuordnen (Partnerarbeit oder Hausaufgabe)
26 Grammatikarbeit: Sätze markieren, Tabelle ergänzen (Stillarbeit oder Hausaufgabe)
27 Schreibübung: Behandlungsformen im Passiv beschreiben (Stillarbeit oder Hausaufgabe)
28 Sprechübung zum Passiv mit Modalverben (Hausaufgabe)
29 Nebensätze bilden mit Passiv (Hausaufgabe)

D 6 Focus Diskussion zum Thema „Kostenübernahme von alternativen Heilmethoden durch Krankenkassen"
Material Kopien von Kopiervorlage 2/5 „Rollenvorgaben"

1. Verteilen Sie die Rollenvorgaben der Kopiervorlage 2/5 und lassen Sie die TN Gruppen bilden, in denen nur TN mit der gleichen Rolle vertreten sind. Die TN überlegen sich gemeinsam Argumente für die anschließende Diskussion zur Kostenübernahme von alternativen Heilmethoden durch Krankenkassen.
2. Die TN finden sich in neuen Gruppen zusammen, in denen jede Rolle möglichst nur einmal vertreten sein sollte. Die Gruppenmitglieder tragen abwechselnd ihre Argumente vor, wobei sie versuchen, aufeinander zu reagieren und die anderen TN zu überzeugen.

E Zwischen den Zeilen

E 1 Schnipseltext

E 1 Focus Grammatik: Nomen-Verb-Verbindungen den Bedeutungen zuordnen
Material Schnipseltext

1. Die TN finden sich in Kleingruppen zusammen und erhalten jeweils einen Schnipseltext mit den Nomen-Verb-Verbindungen und den Erklärungen. Erklären Sie den TN, dass es auf der Hälfte der Schnipsel feste Verbindungen von Nomen mit Verben gibt, die sich mit Hilfe der anderen Hälfte der Schnipsel erklären lassen.
2. Die Gruppen ordnen die Schnipsel einander zu und vergleichen ihre Lösungen im Plenum.

Lösung: 4 b; 1 c; 6 d; 9 e; 10 f; 7 g; 5 h; 2 i; 8 j

3. Lesen Sie den Lerntipp gemeinsam mit den TN durch. Lesen Sie die Nomen-Verb-Verbindungen vor und lassen Sie die TN nachsprechen, um auf den Wortgruppenakzent aufmerksam zu machen. Weisen Sie immer zwei TN 1–2 unterschiedliche Nomen-Verb-Verbindungen zu. In Partnerarbeit schreiben die TN nun Beispielsätze, wobei Sie herumgehen, um die Sätze gegebenenfalls zu korrigieren. Die Paare tauschen nun die Beispielsätze untereinander aus und legen sich Vokabelkarten (oder eine Liste) für alle im Buch aufgeführten Nomen-Verb-Verbindungen an.

Zusatzübung: Sammeln Sie die Schnipseltexte wieder ein, und falten Sie die Schnipsel mit den Nomen-Verb-Verbindungen so, dass das Verb nicht mehr zu sehen ist. Die TN bilden wieder Kleingruppen und bekommen die gefalteten Schnipsel. Nun zieht immer ein TN einen Schnipsel, versucht das fehlende Verb zu nennen und einen Beispielsatz zu formulieren. Die anderen Gruppenmitglieder helfen dabei und bei Problemen können die Schnipsel auseinander gefaltet werden. Sie können das Ganze auch mit Musik üben.

METHODE

Sprachliche Strukturen mit Musik einüben

Wenn Sie solche sprachlichen Strukturen in Ihrer Lerngruppe gerne intensiver und in einer entspannten, angenehmen Atmosphäre einüben möchten, bietet sich der Einsatz von ruhiger (klassischer oder meditativer) Musik an. Lesen Sie bei leiser Musik die Nomen-Verb-Verbindung ohne Verb vor, z. B. *eine Frage …*, machen Sie eine Pause, in der die TN sich das dazu passende Verb (leise!) dazudenken, dann sprechen Sie laut die Lösung: *eine Frage stellen.* Die TN vergleichen und korrigieren sich gegebenenfalls selbst. Geben Sie Ihnen dafür genügend Zeit. Nun lesen Sie die nächste Nomen-Verb-Verbindung usw. Diese Übung empfiehlt sich auch bei Verben oder Nomen mit festen Präpositionen. Dabei wird jeweils nur das Verb bzw. das Nomen gelesen, die TN denken sich leise die dazu passende Präposition.

E 2 Focus gelenkte Anwendungsübung: Lückentext mit festen Nomen-Verb-Verbindungen ergänzen

Die TN ergänzen die Lücken im Text in Partnerarbeit und vergleichen ihre Lösungen. Bei Unstimmigkeiten oder Fragen können einzelne Sätze im Plenum besprochen werden.

Lösung: Mode; Erfolg; Hoffnung; Ursache; Fragen; Besserung; Ruhe; Platz; Lösung; Ende

Arbeitsbuch 30–33: Grammatikwiederholung und -vertiefung: Verben mit festen Präpositionen

30 Lückentext mit Präpositionen ergänzen (Partnerarbeit oder Hausaufgabe)
31 Beispielsätze zu den Verben mit festen Präpositionen schreiben (Hausaufgabe)
32 Sätze mit Präpositionen und Artikeln ergänzen (Hausaufgabe)
33 gelenkte Schreibübung: Sätze ergänzen (Kleingruppen oder Hausaufgabe)

Cartoon Focus Dialog erfinden

1. Geben Sie den TN Zeit, den Cartoon zu betrachten und die Sprechblase zu lesen. Stellen Sie dann Verständnisfragen wie: „Was fehlt Wang?“, „Wieso nimmt er kein Aspirin?“, „Was hält seine Frau von Akupunktur?“
2. Ermuntern Sie die TN, einen Dialog zwischen dem Mann und der Frau zu schreiben. Die Frau sollte dabei Argumente gegen Akupunktur äußern, der Mann sein Vertrauen in Akupunktur verteidigen. Für das Dialog-Ende sollten die Paare selbst entscheiden, ob die Frau aufgibt oder ob der Mann endlich ein Aspirin nimmt. Freiwillige Paare spielen ihre Dialoge vor.

F Kurz & bündig

Diktate

Diktat

Am letzten Wochenende bin ich zu einer Wahrsagerin gegangen, um ihr Fragen über die Zukunft der Teilnehmer meines Deutschkurses zu stellen. Die Wahrsagerin sah mich zunächst überrascht an, schaute dann lange in ihre Kristallkugel und sagte schließlich: „Alle Kursteilnehmer werden sehr erfolgreich sein! Sie werden bald fließend Deutsch sprechen und keine Probleme mehr haben. Allerdings werden sie viel lernen müssen. Manchmal werden sie denken, dass sie die Grammatik nie verstehen. Oder sie werden verzweifelt sein, weil sie die Vokabeln nicht behalten können. An anderen Tagen dagegen werden die Kursteilnehmer unheimlich stolz darauf sein, einen Text auf Deutsch gelesen oder sich auf Deutsch unterhalten zu haben." Als ich die Wahrsagerin fragte, wie lange es dauern wird, bis alle im Kurs perfekt Deutsch sprechen können, hatte sie keine Antworten mehr. In ihrer Kristallkugel erschien nur dicker Nebel. Das Letzte, was sie mir noch sagen konnte, war, dass alle Kursteilnehmer im nächsten Diktat fast keine Fehler machen werden.

Freies Diktat

Die TN ergänzen die folgenden Sätze ...

Ich mache einen Deutschkurs, um ...

Ich habe ein Wörterbuch, um ...

Ich mache meine Hausaufgaben, um ...

Ich lerne die deutsche Grammatik, um ...

Ich schreibe viel auf Deutsch, um ...

Ich spreche viel im Deutschkurs, um ...

Lückendiktat

● We__ sagt Ih__en denn, dass er ausge__echnet heute kommt?

■ Mei__ Ho__oskop!

● Was? Ih__ Ho__oskop? Sie g__auben, was i__ Ihrem Ho__oskop steht??

■ Natü__lich! Auf diese Weise weiß ich we__igstens, was ich vo__ meinem __eben erwa__ten kann, wie ich mich verha__ten sollte und wann es sich __ohnt, auf meinen T__aummann zu wa__ten!

● Also, darauf würde ich mich ja nicht ver__assen! Was i__ Ho__oskopen steht, ist doch bestimmt nicht wah__!

■ Wa__ten Sie! Ich __ese Ih__en Ih__ Ho__oskop fü__ heute vo__: Sie begeg__en heute bei der A__beit Ihrer T__aumf__au und werden g__ücklich mit ihr!

● Jetzt bin ich sp__ach__os! Sie?!?

A Auf zu neuen Ufern!

A 1 OHP-Folie des Fotos auf KB-S. 27; 4–5 zerschnittene Kopien des Fotos auf KB-S. 27 *(Variante)*
A 5 Kopien vom Arbeitsblatt mit Angaben zu allen TN oder Quizfragen *(Zusatzübung)*

A 1 Focus Einstieg ins Thema „Auf zu neuen Ufern“: Bildbeschreibung
Material OHP-Folie des Fotos auf KB-S. 27
Variante: 4–5 zerschnittene Kopien des Fotos auf KB-S. 27

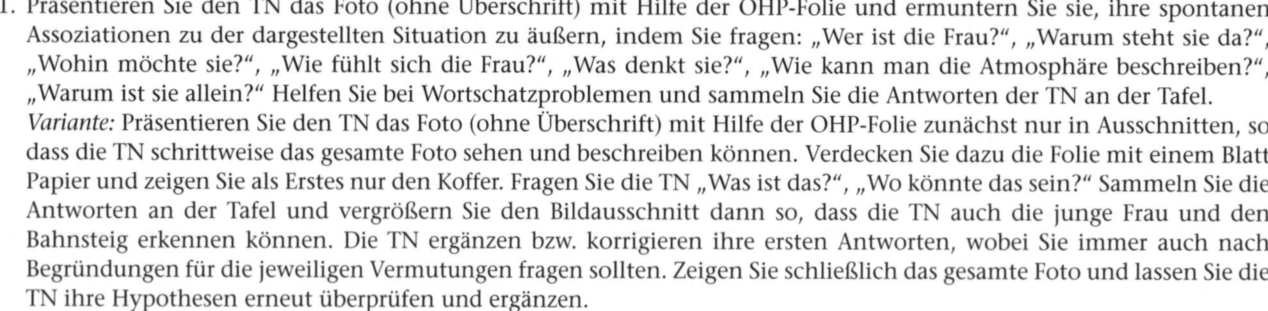

1. Präsentieren Sie den TN das Foto (ohne Überschrift) mit Hilfe der OHP-Folie und ermuntern Sie sie, ihre spontanen Assoziationen zu der dargestellten Situation zu äußern, indem Sie fragen: „Wer ist die Frau?“, „Warum steht sie da?“, „Wohin möchte sie?“, „Wie fühlt sich die Frau?“, „Was denkt sie?“, „Wie kann man die Atmosphäre beschreiben?“, „Warum ist sie allein?“ Helfen Sie bei Wortschatzproblemen und sammeln Sie die Antworten der TN an der Tafel.
Variante: Präsentieren Sie den TN das Foto (ohne Überschrift) mit Hilfe der OHP-Folie zunächst nur in Ausschnitten, so dass die TN schrittweise das gesamte Foto sehen und beschreiben können. Verdecken Sie dazu die Folie mit einem Blatt Papier und zeigen Sie als Erstes nur den Koffer. Fragen Sie die TN „Was ist das?“, „Wo könnte das sein?“ Sammeln Sie die Antworten an der Tafel und vergrößern Sie den Bildausschnitt dann so, dass die TN auch die junge Frau und den Bahnsteig erkennen können. Die TN ergänzen bzw. korrigieren ihre ersten Antworten, wobei Sie immer auch nach Begründungen für die jeweiligen Vermutungen fragen sollten. Zeigen Sie schließlich das gesamte Foto und lassen Sie die TN ihre Hypothesen erneut überprüfen und ergänzen.
Variante: Verteilen Sie die 4–5 zerschnittenen Fotos so im Kurs, dass jeder TN einen Bildausschnitt bekommt. Fordern Sie die TN auf, ihre Partner zu finden, um die Fotos wieder zusammen setzen zu können. Sobald sich auf diese Weise 4–5 Gruppen gefunden haben, fordern Sie die TN auf, dass Foto möglichst genau zu beschreiben.
2. Fordern Sie die TN auf, das Foto möglichst detailliert zu beschreiben. Nutzen Sie dafür noch einmal die Kopiervorlage 2/1 „Redemittel zur Bildbeschreibung“.
3. Fordern Sie die TN auf, die vorab gesammelten Assoziationen dazu zu nutzen, einen passenden Titel für die Situation auf dem Foto zu finden. Anschließend stellen die Gruppen ihre Titel im Plenum vor.
4. Die TN öffnen ihre Bücher und lesen die Überschrift „Auf zu neuen Ufern!“. Fragen Sie die TN nach Worterklärungen für „Ufer“. Sollte kein TN die Bedeutung des Wortes kennen, dann erklären Sie es als „Rand eines Flusses oder Sees“ (evtl. mit Hilfe einer Zeichnung an der Tafel). Fordern Sie die TN auf, einen Zusammenhang zwischen der Überschrift und dem Foto herzustellen, indem Sie fragen, welche „Ufer“ in diesem Kontext gemeint sein könnten. Nehmen Sie die Antworten der TN zum Anlass, die Redewendung „zu neuen Ufern aufbrechen“ als „fortgehen, um etwas Neues zu sehen oder zu beginnen“ zu erläutern. Leiten Sie damit zum Thema der Lektion über und schreiben Sie „ins Ausland gehen“ in Form eines Wortigels an die Tafel und ermuntern Sie die TN weitere Gründe für das Leben im oder Reisen ins Ausland zu nennen.

etwas Neues beginnen
ins Ausland gehen / im Ausland leben
etwas Neues sehen

A 2 Focus freies Sprechen: Geschichte zum Foto erfinden

1. Fordern Sie die TN auf, sich in Kleingruppen zusammen zu finden und anhand der Vorgaben und Fragen im Buch eine kleine Geschichte zu dem Foto aus A1 zu erfinden. Die TN einigen sich auf passende Antworten und machen sich dabei Notizen.

2. Die Gruppen präsentieren ihre Ergebnisse im Plenum. Die TN sollen dabei auf Gemeinsamkeiten und Unterschiede zwischen den einzelnen Geschichten achten. Geben Sie den TN Gelegenheit, sich gegenseitig zu ihren Geschichten zu befragen bzw. die unterschiedlichen Ergebnisse zu diskutieren.
3. Lenken Sie die Aufmerksamkeit der TN auf die Sprichwörter im Buch. Klären Sie eventuelle Wortschatzprobleme, indem Sie Beispiele für „Sitten“ geben (z. B. Begrüßungsrituale) oder den Gebrauch von „fremd“ als Adjektiv und Nomen erklären. Fragen Sie die TN anschließend nach der Bedeutung der Sprichwörter und ermuntern Sie sie, einen persönlichen Bezug zu den Aussagen herzustellen. Um das Gespräch anzuregen, können Sie den TN die folgenden Fragen stellen: „Wo und warum haben Sie sich schon einmal fremd gefühlt?“, „Zu welcher Art von Menschen gehören Sie?“, „Welche deutschen Sitten kennen Sie, die es in Ihrem Land nicht gibt?“, „Welche Sitten gibt es in Ihrem Land, die es in Deutschland nicht gibt?“

Internationale Kurse: Der Vergleich von Sitten in Deutschland und anderen Ländern eignet sich als Redeanlass. Fordern Sie die TN auf (wenn möglich in Ländergruppen) zu überlegen, welche Sitten es in ihrem Land gibt, die es in Deutschland nicht gibt und umgekehrt. Anschließend präsentieren die Gruppen ihre Ergebnisse im Plenum. Helfen Sie bei Wortschatzproblemen oder lassen Sie die TN ihre Wörterbücher benutzen, um Übersetzungsschwierigkeiten zu vermeiden.

Arbeitsbuch 1–4: Wortschatzarbeit „Auslandsaufenthalt“; Leseverständnis; Systematisierung der Grammatik

1 Sprech- und Schreibübung: Bilder und Anzeigen als Anlass zum Sammeln von Gründen für einen Auslandsaufenthalt (Partnerarbeit oder Hausaufgabe)
2 Selegierendes Leseverständnis: zentrale Aussagen des Textes identifizieren (Partnerarbeit oder Hausaufgabe)
3 Selegierendes Lesen, Wortschatzarbeit: Formulierungen im Text den Erklärungen zuordnen; Grammatikwiederholung (Partnerarbeit oder Hausaufgabe)
4 Gelenkte Schreibübung: über Auslandsaufenthalte schreiben (Partnerarbeit oder Hausaufgabe)

A 3 Focus Vermutungen über die dargestellten Personen äußern

Betrachten Sie mit den TN die Fotos. Die TN raten: Wer sind die Leute? Warum sind sie im Ausland?

A 4 Focus selegierendes Hörverständnis: Tabelle ergänzen

1. Lesen Sie mit den TN die angefangene Tabelle im Buch zu Maria Malina und schreiben Sie sie an die Tafel. (s. u. linke Spalte)
2. Spielen Sie den Hörtext vor. Die TN ergänzen beim Hören die fehlenden Angaben für den Steckbrief zu jeder Person. Machen Sie dabei nach jeder Person eine Pause, damit die TN ausreichend Zeit haben, Notizen anzufertigen.
3. Die TN arbeiten in Kleingruppen zu viert zusammen, wobei jeder TN eine Person anhand seiner Notizen zum Steckbrief präsentiert. Auf diese Weise vergleichen und ergänzen die TN ihre Ergebnisse.

4. Sammeln Sie die Ergebnisse an der Tafel und ergänzen Sie gemeinsam mit den TN die Tabelle. Fehlende Informationen oder voneinander abweichende Angaben können Sie zum Anlass nehmen, die entsprechende Stelle im Hörtext noch einmal vorzuspielen.

Lösung:

Name:	Maria Malina	Kyung-Ya Ahn	Claude Vilgrain	K. + S. Schiller
Land:	Polen	Korea	Kanada	Deutschland
Alter:	19 Jahre	41 Jahre	34 Jahre	42 + 44 Jahre
Familienstand:	ledig	verheiratet, 2 Söhne	verheiratet, 2 Töchter	verheiratet
Beruf (zur Zeit):	Au-Pair-Mädchen	Hausfrau	Eishockey-Spieler	Werbeagentur (gekündigt!)
Berufswunsch:	Dolmetscherin oder Lehrerin	Grundschullehrerin	–	eine Kneipe eröffnen, Filme machen
Hobbys:	?	Tiffany	Reisen	Reisen, Filmen
Warum Ausland?:	Fremdsprachenkenntnisse verbessern	ihr Mann ist Manager in einer koreanischen Firma in Frankfurt	um eine andere Kultur kennen zu lernen	mal etwas ganz anderes im Leben machen
Sonstiges:	seit 3 Monaten in Deutschland, möchte noch ein halbes Jahr bleiben	seit einem Jahr in Deutschland, bleibt noch 4 Jahre	seit einem Jahr in Frankfurt, möchte noch einige Jahre bleiben	planen Traumreise durch Amerika für ein Jahr oder länger

Arbeitsbuch 5: Anwendungsübung: Sätze mit „um ... zu" + Infinitiv oder „ohne ... zu" + Infinitiv ergänzen (Partnerarbeit oder Hausaufgabe)

A 5 Focus gelenkte Sprechübung: Partnerinterview
Material *Zusatzübung:* Kopien vom Arbeitsblatt mit Angaben zu allen TN oder Quizfragen

1. Lesen Sie gemeinsam mit den TN die Aufgabenstellung und sammeln Sie Fragen für das Partnerinterview an der Tafel.
2. Die TN interviewen sich anhand der gesammelten Fragen gegenseitig und fertigen Steckbriefe zu ihren Interviewpartnern an.
3. Die TN stellen ihren jeweiligen Interviewpartner vor. In Kursen, in denen sich die TN noch nicht so gut kennen, bietet es sich an, dass die anderen TN beim Zuhören zu den Personen, die sie noch nicht kennen, Notizen machen. Lassen Sie den TN Zeit, weitere Fragen zu stellen und Verständnisprobleme zu klären.
Zusatzübung: Machen Sie sich selbst Notizen zu den einzelnen TN und nutzen Sie diese, um an einem der folgenden Unterrichtstage zu überprüfen, wie gut sich die TN kennen. Bereiten Sie hierzu ein Arbeitsblatt vor, in das Sie 3–4 Angaben zu jedem TN eintragen, aber die Namen weglassen. Verteilen Sie das kopierte Arbeitsblatt und fordern Sie die TN auf, die fehlenden Namen zu ergänzen. Bei Problemen können Sie den TN Gelegenheit geben, erneut Fragen zu stellen und sich auf diese Weise besser kennen zu lernen. Als weniger zeitaufwändige Möglichkeit, das gegenseitige Kennenlernen zu fördern, können Sie auch die von den Interviewpartnern angelegten Steckbriefe im Kursraum aufhängen und eine Art Quiz veranstalten. Bereiten Sie dazu Fragen nach dem folgenden Muster vor: „Wie heißt der TN, der aus ... kommt?", „Wie heißt der TN, der ... von Beruf ist?", etc.

Internationale Kurse: Um das Thema „Auslandsaufenthalt" weiter zu vertiefen und den TN Gelegenheit zu geben, noch intensiver über ihre eigenen Erfahrungen in Deutschland zu berichten, bietet sich folgendes Vorgehen an: Zeichnen Sie ein Koordinatenkreuz an die Tafel und bitten Sie die TN den bisherigen Verlauf ihres Aufenthalts in Form einer Kurve darzustellen. Die horizontale Linie soll dabei den Zeitraum darstellen, den die TN bis jetzt in Deutschland verbracht haben. Wenn die TN positive Erfahrungen gemacht haben und es ihnen in Deutschland gut ging, tragen sie dies in den Bereich oberhalb der horizontalen Linie ein. Wenn sie dagegen negative Erfahrungen gemacht haben und sich in Deutschland nicht wohl fühlten, dann tragen sie dies in den Bereich unterhalb der horizontalen Linie ein. Erfahrungsgemäß ergibt sich hieraus eine Kurve, die wellenförmig verläuft, wobei für das „Auf" und „Ab" ganz unterschiedliche Faktoren verantwortlich sein können. Um den TN zu vermitteln, dass sie nicht allein so ein „Auf und Ab" durchmachen, bietet es sich an, dass sie ihre Kurven in Kleingruppen vorstellen und sich gegenseitig erläutern, welche Ereignisse und Erfahrungen für den Verlauf ihrer Kurve verantwortlich waren. Zum Abschluss können Sie im Plenum die Faktoren sammeln, die bei den TN für einen positiven Ausschlag der Kurve verantwortlich waren, um schließlich hilfreiche Tipps für das Leben in Deutschland (oder im Ausland allgemein) zu formulieren.

Sprachhomogene Kurse: Sollten mehrere TN über längere Erfahrungen im Ausland verfügen, können Sie Gruppen bilden lassen, in denen ein oder zwei „Auslandsexperten" ihre Kurven (s. o.) vorstellen und den anderen TN von ihren Erfahrungen berichten. Abschließend können die TN darüber diskutieren, wie man einen Auslandsaufenthalt in Deutschland vorbereiten könnte.

B (Zweite) Heimat Deutschland?

B 1 Focus Einstieg ins Thema „Heimat“: persönliche Definitionen finden und erklären

1. Lesen Sie gemeinsam mit den TN die Arbeitsanweisung im Buch und fordern Sie sie auf, ihr persönliches Verständnis von „Heimat“ durch Ankreuzen und Ergänzen der Vorgaben zu bestimmen. Geben Sie den TN ausreichend Zeit zum Überlegen und klären Sie eventuelle Wortschatzprobleme gemeinsam. Weisen Sie die TN darauf hin, dass sie mehrere Vorgaben ankreuzen bzw. ergänzen können.

2. Die TN finden sich in Kleingruppen (3–4 TN) zusammen und vergleichen ihre Antworten. Gehen Sie dabei herum und ermuntern Sie die TN, sich gegenseitig ihre Antworten näher zu erläutern.

Arbeitsbuch 6–7: Wortschatzübung, gelenkte Schreibübung zum Thema „Heimat“
6 Wortschatzübung: Sammeln von Assoziationen zum Begriff „Heimat“ (Hausaufgabe)
7 Gelenkte Schreibübung zum Thema „Heimat“ (Hausaufgabe, Vergleich in Partnerarbeit)

B 2 Focus Einstieg in den Text: Statements lesen

Die TN betrachten die Fotos und lesen die kleinen Texte mit der Aufgabe, sich zwei Personen auszuwählen, die sie besonders interessieren. Gehen Sie die Personen auf den Fotos der Reihe nach durch und fragen Sie jeweils, welche TN sich für die jeweilige Person entschieden haben. Lassen Sie die TN dabei die Gründe für ihr Interesse nennen.

B 3 Focus selegierendes Leseverständnis zum Thema „Heimat“

1. Die TN suchen die Texte der zwei von ihnen ausgewählten Personen auf KB-S. 29. Fordern Sie die TN auf, beim Lesen nach Informationen zu den in der Tabelle vorgegebenen Themen zu suchen und entsprechende Notizen zu machen. Die TN übertragen hierzu die Tabelle in ihr Heft und ergänzen sie für die zwei vorab ausgewählten Personen. Für jeden Text fertigt ein freiwilliger TN seine Notizen auf OHP-Folie an.

LANDESKUNDE

Staatsangehörigkeitsrecht
Als deutscher Staatsangehöriger besitzt man einen deutschen Pass und hat bestimmte Rechte (wie das Wahlrecht oder das Recht auf freie Berufswahl) und übernimmt gewisse Pflichten (wie die Verpflichtung zum Wehr- oder Zivildienst). Bis zum Jahr 2000 leitete sich die Eigenschaft, Deutscher zu sein, von der Abstammung ab. Ausländer konnten nur Deutsche werden, wenn sie die eng formulierten Voraussetzungen der Einbürgerung erfüllten – lange Zeit nur nach Ermessen der Behörden. An eine umfangreiche Einbürgerung war nicht gedacht, und bis heute ist die Zahl der Einbürgerungen im Vergleich zu anderen europäischen Ländern gering.
Die seit 1. Januar 2000 geltende Reform des Staatsangehörigkeitsrechts sieht folgendes vor:
- In Deutschland geborene Kinder ausländischer Eltern, die dauerhaft in Deutschland wohnen, erhalten die deutsche Staatsangehörigkeit. Wenn sie neben der deutschen noch eine weitere Staatsangehörigkeit besitzen, müssen sie sich mit 18 Jahren für eine der beiden Staatsangehörigkeiten entscheiden.
- Erwachsene, die seit acht Jahren rechtmäßig in Deutschland leben, können einen Antrag auf Einbürgerung stellen, wenn sie ihre bisherige Staatsangehörigkeit aufgeben, nicht wegen einer Straftat verurteilt worden sind, sich zur freiheitlich demokratischen Grundordnung bekennen und über ausreichende Deutschkenntnisse verfügen.

Mit dieser Reform wird das Gesetz an europäische Standards und die gesellschaftliche Wirklichkeit in Deutschland angepasst. Derzeit leben in Deutschland über sieben Millionen Ausländer, die Hälfte davon schon mindestens zehn Jahre und ein Drittel sogar länger als 30 Jahre. Ziel der Reform ist es, die Gleichberechtigung von in Deutschland lebenden Ausländern zu fördern.

Fortsetzung von B 3 Focus selegierendes Leseverständnis zum Thema „Heimat“

2. Die TN suchen sich einen Partner, tauschen die gesammelten Informationen aus und erweitern so ihre Tabelle bis sie über Informationen zu allen sechs Personen verfügen. Wenn die TN dieselben Texte gelesen haben, vergleichen sie ihre Notizen und korrigieren oder ergänzen sie gegebenenfalls. Gehen Sie herum und helfen Sie den TN dabei, einen passenden Partner zu finden.
3. Die TN vergleichen ihre Ergebnisse anhand der OHP-Folien. Regen Sie mit der Frage „Wer ist wo zu Hause?“ eine Diskussion an und ermuntern Sie die TN, ihre jeweiligen Antworten zu begründen, indem sie auf die gelesenen Texte bzw. eigenen Erfahrungen Bezug nehmen.

Lösungsvorschlag:

	Erfahrungen in Deutschland	Heimat	Nationalität	doppelte Staatsangehörigkeit
Manuela	ist genervt, wenn sie gefragt wird, woher sie ursprünglich kommt. Sie ärgert sich über negative Bemerkungen über Ausländer	Deutschland	Portugiesin	hätte gerne beide Staatsangehörigkeiten
Tahar	Ausländerfeindlichkeit bei der Jobsuche, fühlt sich nur geduldet, weil er arbeitet	früher als Münchener gefühlt	Türke	möchte die deutsche Staatsangehörigkeit beantragen, damit ihm negative Erfahrungen erspart bleiben
Seval Yildirim	findet es angenehm, in Berlin zu leben, sie fühlt sich geborgen in der Internationalität	der Geruch von Zimt, Pfeffer und Ingwer. der Geschmack salziger Meeresluft	Türkin	hat den deutschen Pass beantragt, damit das Reisen in Europa leichter wird
Jossi Fuss	Freunde in Berlin, aber kein Zugehörigkeitsgefühl	altmodischer Begriff. Er fühlt sich als Europäer.	(jüdischer) Deutscher	
Tiziana	fühlt sich wohl: Die Leute reagieren begeistert.	Deutschland	Italienerin	möchte ihren italienischen Pass behalten
Fariborz Baghei	findet die Frankfurter nett, gastfreundlch und multikulturell	Iran (Deutschland ist seine zweite Heimat)	Iraner	wünscht sich die doppelte Staatsangehörigkeit für seinen Sohn, damit er ohne bürokratische Probleme in beiden Ländern leben und arbeiten kann

Internationale Kurse: Ermuntern Sie die TN, persönlich Stellung zum Thema „Heimat“ und „Staatsangehörigkeit“ zu beziehen. Steigen Sie in das Thema ein, indem Sie fragen: „Was gefällt Ihnen in Deutschland besser/schlechter als in Ihrem Heimatland?“ „Welche Unterschiede sind Ihnen aufgefallen?“ Fragen Sie dann, inwiefern sich die TN in Deutschland bzw. in ihrem Herkunftsland zu Hause fühlen. Regen Sie hierzu eine Diskussion an oder lassen Sie die TN ihre jeweilige Position auf einer „interkulturellen Skala“ veranschaulichen:
Bereiten Sie dafür einen Papierstreifen von ca. 4–5 m Länge und 30 cm Breite vor. Beschriften Sie diesen Streifen so, dass auf der einen Hälfte „Deutschland“ und auf der anderen Hälfte „Herkunftsland“ steht. In der Mitte tragen Sie einen Nullpunkt ein und unterteilen den Streifen von diesem Nullpunkt ausgehend in fünf Abschnitte, die sie von der Mitte aus nummerieren, so dass die Skala an jedem Ende mit der Zahl 5 endet. Breiten Sie den Papierstreifen auf dem Boden aus und erklären Sie den TN, dass Sie sich so auf die Skala stellen sollen, wie sie ihre eigene Beziehung zu dem jeweiligen Land einschätzen. Wenn sich ein TN in Deutschland z. B. sehr zu Hause fühlt, dann stellt er sich in den mit 5 nummerierten Abschnitt auf der mit „Deutschland“ beschrifteten Seite. Wenn er sich in seinem Heimatland (nicht mehr) zu Hause fühlt, dann stellt er sich in die Nähe des Nullpunkts auf der mit „Herkunftsland“ beschrifteten Seite.
Wenn die TN die Aufgabenstellung verstanden haben, ermuntern Sie sie, eine Position einzunehmen. Freiwillige TN können dann erläutern, warum sie sich an diesen speziellen Punkt gestellt haben, indem sie über ihre Beziehung zu Deutschland und zu ihrem Herkunftsland berichten.
Abschließen können Sie die Arbeit an diesem Thema, indem Sie die TN fragen, ob sie gern den deutschen Pass beantragen würden und warum (nicht).

Sprachhomogene Kurse: Um das Thema weiter zu vertiefen und einen persönlichen Bezug zu den TN herzustellen, bietet es sich an zu fragen, unter welchen Umständen die TN eine andere Staatsangehörigkeit beantragen würden. Wenn den TN hierzu nicht so viel einfällt, dann lassen Sie sie überlegen, ob es in ihrem Land Personen gibt, die die Staatsangehörigkeit ihres Landes beantragen oder, ob sie Personen kennen, die die Staatsangehörigkeit beantragt haben.

B 4	Focus	Grammatik: Finalsätze mit „um ... zu + Infinitiv“ und „damit“

1. Die TN kennen den Finalsatz mit „um zu + Infinitiv“; Neu ist der „damit-Satz“. Entwickeln Sie die Übersicht zu den Finalsätzen schrittweise an der Tafel: Schreiben Sie dazu die beiden Beispielsätze aus dem Buch an die Tafel, unterstreichen Sie die Konjunktionen „damit“ und „um ... zu“. Lassen Sie die TN die Verben finden und fragen Sie nach der Satzart (Haupt- oder Nebensatz). Fragen Sie dann nach den Subjekten der Beispielsätze und markieren Sie sie farbig. Wiederholen Sie die Bedeutung des Finalsatzes (vgl. Lektion 2).

2. Die TN lesen die Beispielsätze im Buch und ergänzen die Regel. Anschließend vergleichen sie ihre Lösungen in Partnerarbeit.

Lösung: **1** Finalsätze; **2** damit; **3** um ... zu + Infinitiv

3. Fordern Sie die TN auf, in den Texten auf KB-S. 30 nach weiteren Sätzen mit „damit“, „um ... zu“ und „ohne ... zu“ zu suchen.
4. Die TN vergleichen ihre Ergebnisse in Partnerarbeit.

Arbeitsbuch 8–11: Leseverständnis; Hörverständnis und Wortschatzarbeit zum Thema „Heimat“; Grammatik: Finalsätze

8	Selegierendes Leseverständnis: Ergänzen der Statistik mit Informationen aus dem Text (Partnerarbeit oder als Hausaufgabe); Schreibübung: Kommentieren der Statistik und Ländervergleich (Hausaufgabe)
9	Selegierendes Hörverständnis: richtige und falsche Aussagen identifizieren und markieren (im Kurs)
10	Grammatik: Sätze mit „um ... zu“, „damit“ oder „weil“ ergänzen (Hausaufgabe)
11	Wortschatzarbeit: Wortschatz systematisieren (Partnerarbeit oder Hausaufgabe): Schreibübung: Wortschatz und Finalsätze anwenden (Hausaufgabe)

B 5	Focus	Wortschatzarbeit zum Thema „Leben im Ausland“ und „doppelte Staatsangehörigkeit“; Anwendungsübung: Finalsätze

1. Schreiben Sie das Thema „Leben im Ausland und doppelte Staatsangehörigkeit“ an die Tafel und darunter „+“ und „–“. Lassen Sie die TN ein paar Argumente nennen und tragen Sie sie in die Tabelle ein. Lesen Sie mit den TN die Beispieleinträge im Buch und erklären Sie die Aufgabe.
2. Tragen Sie mit den TN einige weitere Argumente aus dem Kasten in die Tabelle ein.

3. Die TN sortieren die Argumente (im Kasten) in Partnerarbeit, indem sie vor das jeweilige Argument ein „+“ oder „–“ markieren.
4. Ergänzen Sie mit den TN die Tabelle an der Tafel. Lassen Sie sie ihre Lösungen bei Unstimmigkeiten begründen.
5. Die TN wählen die Argumente aus, die sie persönlich am wichtigsten finden und verschriftlichen sie mit Hilfe der Satzanfänge im Buch.
6. Abschließend diskutieren die TN in Gruppen das Thema mit Hilfe der Argumente.

Lösungsvorschlag:

Leben im Ausland und doppelte Staatsangehörigkeit	
+	-
eine andere Kultur kennen lernen	sich anpassen müssen
bessere Berufschancen	die Identität verlieren
ein besseres Leben für die Familie	nicht mit der Familie zusammen leben können
eine Sprache lernen	sich in ... fremd fühlen
leichter reisen können	
mehr Chancen für die Kinder	
mehr Distanz zur eigenen Kultur	
die gleichen Rechte haben	
in beiden Ländern leben und arbeiten dürfen	
sich nicht für ein Land entscheiden müssen	
wählen können	

Arbeitsbuch 12: Globales Leseverständnis: Zuordnen von Situationen und Anzeigen (Partnerarbeit oder Hausaufgabe)

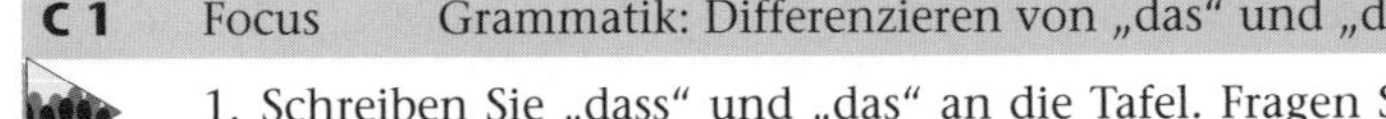

C Zwischen den Zeilen

C 1 Focus Grammatik: Differenzieren von „das“ und „dass“; Regelfindung

1. Schreiben Sie „dass“ und „das“ an die Tafel. Fragen Sie die TN, wann man „dass“ und „das“ benutzt. Lassen Sie sich Beispiele nennen und schreiben Sie sie an die Tafel. Sammeln Sie die Antworten in Stichwörtern an der Tafel und nehmen Sie diese zum Anlass, die verschiedenen Funktionen zu erläutern.
2. Lesen Sie mit den TN die Regeln im Buch und ergänzen Sie evtl. das Tafelbild. Erklären Sie dann die Aufgabe. Lesen Sie mit den TN gemeinsam den Anfang des Textes und ergänzen Sie gemeinsam die passenden Ziffern in der Regel.
3. Die TN lesen den Text weiter und ergänzen die Ziffern in Partnerarbeit. Anschließend vergleichen Sie ihre Lösungen im Plenum.

Lösung: als bestimmter Artikel steht es beim Nomen 2, 4, 8,
als Pronomen oder D-Wort steht es allein 3, 5
als Relativpronomen leitet es Relativsätze ein –
nach Verben wie *glauben, wissen, meinen* 6, 7
nach Ankündigungen wie *Es fing damit* an oder *Die Sache ist die,* 1

C 2 Focus Grammatik: Anwenden der Regel für den Gebrauch von „das“ und „dass“; selegierendes Leseverständnis; freie Sprech- oder Schreibübung

1. Lösen Sie die ersten beiden Beispiele des Lückentextes gemeinsam und lassen Sie die TN mit Hilfe der Regel erklären, welche Funktion „dass“ bzw. „das“ in dem jeweiligen Beispiel hat.
2. Die TN lesen den Text allein weiter, ergänzen die Lücken in Partnerarbeit und ordnen die Beispielsätze der Regel aus C1 zu. Anschließend vergleichen die TN ihre Lösungen im Plenum.

Lösung: als bestimmter Artikel steht es beim Nomen (2, 4, 8) 11, 15, 16
als Pronomen oder D-Wort steht es allein (3, 5) 17, 19
als Relativpronomen leitet es Relativsätze ein 12
nach Verben wie *glauben, wissen, meinen* (6, 7) 13, 14, 20
nach Ankündigungen wie *Es fing damit an* oder *Die Sache ist die,* (1) 10, 18

3. Die TN lesen den Text evtl. noch einmal und suchen nach Anhaltspunkten dafür, wie das Haus der Kindheit aussieht und in welcher Umgebung es steht. Dabei markieren sie die entsprechenden Textstellen.
   Variante: Die TN fertigen beim Lesen eine Zeichnung vom Haus der Kindheit an und vergleichen anschließend ihre Entwürfe.
4. Die TN lesen die Fragen im Buch und diskutieren in Dreier-Gruppen, wie es im Haus der Kindheit aussehen könnte, wen man dort trifft und was man dort erleben kann. Anschließend schreiben sie anhand ihrer Ergebnisse gemeinsam einen Text über dieses Haus. Freiwillige TN lesen ihre Texte zum Abschluss im Plenum vor.
   Zusatzübung: Lenken Sie die Aufmerksamkeit der TN auf das Foto und die Angaben in der Infobox zu Marie Luise Kaschnitz. Fragen Sie was für eine Person sich hinter dem „Ich-Erzähler“ im Text verbergen könnte, warum die Person beim Wort „Kindheit“ nervös wird, warum sie meint, dass man in dem Haus der Kindheit seiner Freiheit beraubt werde und was die Person wohl in dem Haus der Kindheit erlebt.

Arbeitsbuch 13–15: Nomen mit festen Präpositionen

13 Lesen der Beispielsätze und Markieren der Nomen und Präpositionen (im Kurs oder Hausaufgabe)
14 Ergänzen der zu den Präpositionen passenden Nomen; Lerntipp (im Kurs oder Hausaufgabe)
15 Gelenkte Anwendungsübung: Ergänzen von Nomen mit festen Präpositionen (Partnerarbeit oder Hausaufgabe)

D Ich habe einen Traum

D 1 leere Zettel; vergrößerte Kopien der Fotos auf KB-S. 33; ggf. Folie von KB-S. 33
D 2 Kopien der Texte auf KB-S. 34 *(Variante)*
D 4 Kopiervorlage 3/1 „Konjunktiv II", OHP-Folie
D 6 Karteikarten in zwei verschiedenen Farben
D 7 Kopiervorlage 3/2 „Würfelspiel zum Konjunktiv II", Spielfiguren und Würfel
Kopiervorlage 3/3 „Wörter umschreiben", Spielfiguren und Karteikarten *(Zusatzübung)*

D 1 Focus Einstieg ins Thema „Ich habe einen Traum"
Material leere Zettel; vergrößerte Kopien der Fotos auf KB-S. 33; ggf. Folie von KB-S. 33

1. Fragen Sie die TN „Wovon träumen Sie manchmal?" und notieren Sie die Antworten der TN in Stichworten als Wortigel an der Tafel.
2. Die TN betrachten die Fotos im Buch oder auf OHP. Fragen Sie „Wovon träumen diese Leute?" Die TN arbeiten in Kleingruppen, schreiben die Vorgaben aus dem Buch auf die leeren Zettel und ordnen sie den Personen zu. Ermuntern Sie die TN, weitere Vermutungen über mögliche Träume der abgebildeten Personen zu sammeln und ebenfalls auf die Zettel zu schreiben.

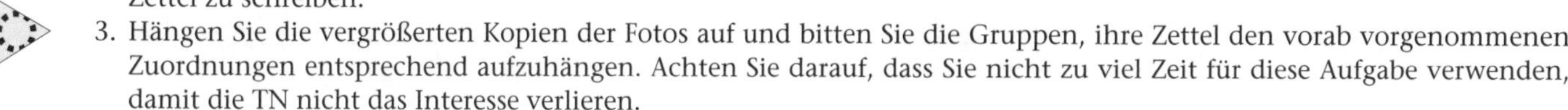

3. Hängen Sie die vergrößerten Kopien der Fotos auf und bitten Sie die Gruppen, ihre Zettel den vorab vorgenommenen Zuordnungen entsprechend aufzuhängen. Achten Sie darauf, dass Sie nicht zu viel Zeit für diese Aufgabe verwenden, damit die TN nicht das Interesse verlieren.

D 2 Focus selegierendes/globales Leseverständnis „Ich habe einen Traum"
Material *Variante:* Kopien der Texte auf KB-S. 34

1. Teilen Sie die TN in Gruppe A, B und C und weisen Sie jeder Gruppe einen anderen Text zu. Achten Sie darauf, dass in den Gruppen sowohl schwächere als auch stärkere TN vertreten sind. Die TN lesen ihren Text, helfen sich gegenseitig bei Verständnisschwierigkeiten und überprüfen schließlich, welche der Vermutungen aus D1 in dem Bericht ihrer Person genannt werden.
   Variante: Damit die TN sich wirklich auf nur einen Text konzentrieren, können Sie Kopien der drei Texte im Kurs verteilen und die TN auffordern, sich mit denjenigen TN in Gruppen zusammenzutun, die den gleichen Text haben.
2. Fordern Sie die TN auf, den Traum ihrer Person genauer zu beschreiben und anhand der Informationen im Text zu klären, warum die Person diesen Traum hat. Die TN machen sich dabei Notizen, um den anderen TN später über ihren Text berichten zu können.
3. Die TN bilden Mischgruppen, in denen die Gruppen A, B und C durch mindestens einen TN vertreten sein sollten. Die TN berichten dann, inwiefern die Vermutungen aus D1 mit ihrem Text übereinstimmen und erläutern die Träume ihrer Person.
4. Korrigieren Sie gemeinsam mit den TN die Zuordnung der Zettel und der Fotos aus D1 und sammeln Sie die wichtigsten Informationen zu den Personen und ihren Träumen in Stichwörtern an der Tafel.

Lösungsvorschlag:

Hans Olaf Henkel	Jennifer Larmore	Corinna May
- Saxophon spielen können wie Charlie Parker - Charlie Parker ist sein Idol - er hat nie gelernt, ein Instrument zu spielen - er würde Charlie Parker gern treffen, mit ihm sprechen und ein Konzert besuchen	- Gin Tonic trinken, wann immer man Lust dazu hat - sie liebt Gin Tonic, aber kann ihn nicht trinken, weil Alkohol schlecht für ihre Stimmbänder ist - wenn sie alt ist, möchte sie sich ihren Traum erfüllen	- einen Sonnenuntergang in der Karibik sehen - den Sonnenuntergang kann ihr niemand erklären - als Kind hat sie davon geträumt, als Sängerin auf einer Bühne zu stehen - sie weiß gar nicht, ob sie gern sehen können wollte

5. Fragen Sie die TN, welchen der Träume sie besonders interessant finden, und regen Sie eine Diskussion an, in der die TN ihre Positionen erläutern und Gründe nennen, warum sie die Träume besonders gut bzw. nicht so gut verstehen können.

D 3 Focus Grammatik: Regelfindung Konjunktiv II

1. Entwickeln Sie die Tabelle im Buch schrittweise an der Tafel, indem Sie zunächst nur die Überschriften „Fantasien, Träume, Wünsche (irreal)“ und „Wirklichkeit (real)“ anschreiben und dann das erste Paar der Beispielsätze eintragen. Lenken Sie dabei die Aufmerksamkeit der TN auf den Unterschied zwischen dem Traum und der Wirklichkeit von Hans Olaf Henkel. Lassen Sie sich von den TN die Verben in den beiden Sätzen nennen und unterstreichen Sie sie. Schreiben Sie wie im Buch „Konjunktiv II“ über die linke Spalte der Tabelle und erklären Sie den TN, dass man im Deutschen besondere Verbformen braucht, wenn man über Fantasien, Träume oder Wünsche spricht. Erinnern Sie die TN daran, dass sie einige Formen des Konjunktivs II schon im Zusammenhang mit höflichen Vorschlägen und Bitten kennen gelernt haben.

2. Die TN lesen die (restlichen) Beispielsätze und unterstreichen die Verben. Weisen Sie die TN auf die unterschiedlichen Zeiten in den Beispielsätzen hin und lassen Sie sie die Regeln in Partnerarbeit ergänzen. Anschließend vergleichen die TN ihre Lösungen im Plenum.

Lösung: 1 Fantasien, Träume, Wünsche; 2 „würde + Infinitiv“; 3 „haben“ oder „sein“; Partizip Perfekt

D 4 Focus Grammatik: Formen des Konjunktivs II
Material zerschnittene Kopie von Kopiervorlage 3/1 „Konjunktiv II“, OHP-Folie

1. Die TN finden sich wieder in den Mischgruppen aus D2 zusammen, so dass immer ein „Experte“ für einen der Texte in der Gruppe vertreten ist. Die TN überfliegen die Texte noch einmal und suchen gemeinsam nach den fehlenden Konjunktiv II-Formen für die Verben in der Tabelle im Buch. Die TN ergänzen die Tabelle und eine Gruppe hält ihre Ergebnisse auf OHP-Folie fest, so dass die Lösungen am Ende im Plenum verglichen werden können.

Lösung: könnte; müsste; hätte; wäre; würde; fände; ginge; ließe; wüsste; redete

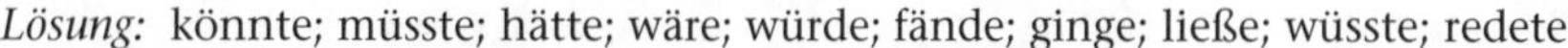

2. Fragen Sie die TN welche der Verben in der Tabelle regelmäßig sind und welche unregelmäßig. Unterstreichen Sie diese Verben an der Tafel mit zwei unterschiedlichen Farben. Lassen Sie die TN dann die Konjunktiv II-Formen mit den Präteritumformen vergleichen.

3. Mit Hilfe der Beispiele in der Tabelle ergänzen die TN die Regel in Partnerarbeit und vergleichen ihre Lösungen anschließend im Plenum.

Lösung: 1 Präteritum; „würde + Infinitiv“ 2 ähnlich; oft; immer

4. Lesen Sie den Lerntipp gemeinsam mit den TN und erklären Sie die Begriffe „Ersatzformen“ und „Originalformen“ des Konjunktivs II, indem Sie auf Beispiele mit „würde + Infinitiv“ bzw. auf die Formen in der vorab entwickelten Tabelle verweisen. Lassen Sie sich von den TN die Originalformen des Konjunktivs II von den Verben nennen, die sie lernen und benutzen sollten (hätte, wäre, dürfte, könnte, müsste, sollte, wollte) und heben Sie sie in der Tabelle an der Tafel mit einem Ausrufezeichen hervor.

5. Verteilen Sie je eine zerschnittene Kopie der Kopiervorlage 3/1 pro Gruppe. Weisen Sie auf die Überschrift hin: „Wenn ich im Lotto gewonnen hätte, (dann) ....“ und fordern Sie die TN auf, drei Stapel aus den Kärtchen zu bilden: Stapel A enthält Sätze im Präsens, Stapel B enthält die Kärtchen mit Sätzen + Modalverb, Stapel C enthält Sätze im Perfekt bzw. Präteritum. Anschließend gehen die TN die Stapel der Reihe nach durch und versuchen, die passenden Konjunktiv II-Sätze zu bilden. Dabei beschriften Sie jeweils die Rückseite der Kärtchen mit dem entsprechenden Satz. Beispiel: „Wenn ich im Lotto gewonnen hätte, *(dann) wäre ich jetzt froh.*“ Gehen Sie herum, helfen Sie den TN beim Bilden des richtigen Satzes und überprüfen Sie die Lösungen. Wenn alle Kärtchen beschriftet sind, mischen die Gruppen sie. Die TN nehmen reihum ein Kärtchen, nennen den entsprechenden Satz und kontrollieren ihre Antworten selbstständig mit Hilfe der Rückseite.

Arbeitsbuch 16–21: Hörverständnis; Grammatik: Formen und Gebrauch des Konjunktivs II

16 detailliertes Hörverständnis: Aussagen und Fotos einander zuordnen (im Kurs)
17 Grammatik: Regelfindung zum Konjunktiv II (Partnerarbeit oder Hausaufgabe mit Vergleich im Plenum)
18 freie Schreibübung: über Träume schreiben (Hausaufgabe)
19 Fragen und Antworten im Konjunktiv II ergänzen (Hausaufgabe)
20 irreale Sätze mit „als ob“ bilden (Hausaufgabe)
21 gelenkte Schreibübung: Sätze mit „wenn“ ergänzen (Hausaufgabe)

D 5	Focus	Grammatik: schriftliche Anwendung der Regeln zum Konjunktiv II

1. Lesen Sie mit den TN gemeinsam den ersten Satz des Textes und erklären Sie die Aufgabe. Lassen Sie die TN die richtige Verbform bilden und ergänzen.

2. Die TN ergänzen die verbleibenden Lücken in Partnerarbeit. Wenn sie alle Lücken ergänzt haben, lesen die TN den gesamten Text in Form einer Kettenübung vor und vergleichen dabei ihre Lösungen.

Lösung: **3** wäre; **4** wäre; **5** wahrnehmen könnte; **6** hätte; **7** zulassen würde; **8** wäre; **9** würde; **10** würde verbringen; **11** mitnehmen dürfte; **12** wäre

3. Die TN diskutieren die Frage „Wären Sie gern unsterblich? Warum (nicht)?" in Kleingruppen und freiwillige TN schreiben einen passenden Text als Hausaufgabe.

D 6	Focus	Grammatik: gelenkte Anwendung der Regeln zum Konjunktiv II
	Material	Karteikarten in zwei verschiedenen Farben

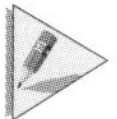
1. Lesen Sie die Aufgabenstellung gemeinsam mit den TN und lassen Sie sie einige Beispielfragen mit Hilfe der Vorgaben im Buch formulieren. Fordern Sie die TN auf, zehn Fragen schriftlich festzuhalten. Verteilen Sie dazu die Karteikarten und erklären Sie den TN, dass die eine Farbe für Fragen in der Vergangenheit und die andere für Fragen in der Gegenwart benutzt werden soll. Gehen Sie dabei herum und helfen Sie den TN, wenn nötig, beim Formulieren der Fragen.

2. Die TN führen anhand ihrer Fragen ein Partnerinterview durch und machen sich Notizen zu den Antworten. Mit Hilfe der Farben der Karteikarten erinnern sich die TN gegenseitig daran, die richtige Zeit des Konjunktivs II zu benutzen. (In schwächeren Gruppen sollten die TN die Antworten ausformulieren.) Anschließend tun sie sich mit einem anderen Paar zusammen und berichten von den Ergebnissen ihrer Interviews.

D 7	Focus	Grammatik: freie Anwendung der Regeln zum Konjunktiv II
	Material	Kopien von Kopiervorlage 3/2 „Würfelspiel zum Konjunktiv II", Spielfiguren und Würfel; *Zusatzübung:* Kopien von Kopiervorlage 3/3 „Wörter umschreiben", Spielfiguren und Karteikarten

1. Schreiben Sie die Frage „Was wünschen Sie sich?" in Form eines Wortigels an die Tafel und sammeln Sie die Antworten der TN in Stichworten.
2. Lesen Sie die Satzanfänge im Buch gemeinsam mit den TN und fordern Sie sie auf, ihre eigenen Wünsche und die anderer TN schriftlich auszuformulieren.
   Variante: Verzichten Sie auf den Wortigel und lassen Sie die TN ihre Wünsche direkt auf leere Zettel schreiben. Fordern Sie sie auf, dabei möglichst viele der vorgegebenen Satzanfänge im Buch zu benutzen. Sammeln Sie die Zettel dann ein, verteilen Sie sie wieder neu und lassen Sie die TN die Wünsche vorlesen und mittels gezielter Fragen herausfinden, zu welchem TN der jeweilige Wunsch passt.

3. Verteilen Sie pro Gruppe einen Spielplan (Kopiervorlage 3/2), einen Würfel und eine Spielfigur pro TN. Sammeln Sie die Karten mit den Fragen aus D6 ein und verteilen Sie sie dann gleichmäßig auf die Gruppen. Nutzen Sie außerdem die Kärtchen aus D4, so dass jede Gruppe zusätzlich zu den Fragen auch noch einen Stapel Sätze bekommt. Jede Gruppe hat somit einen Stapel mit Fragen (aus D6) und einen Stapel mit Sätzen (aus D4). Erklären Sie den TN, dass sie auf den „?-Feldern" eine Frage ziehen und beantworten sollen, auf den grauen Feldern („Wenn ich im Lotto gewonnen hätte, ...") eine Satzkarte ziehen und den richtigen Satz nennen sollen und bei den Feldern mit den vorgegeben Satzanfängen eigenständig einen Wunsch äußern sollen. Das Spiel kann auch ohne die Kärtchen aus D4 gespielt werden. Die TN ergänzen dann die Sätze frei. Die TN beginnen mit dem Spiel und helfen sich gegenseitig beim Lösen der Aufgaben. Gehen Sie dabei herum und unterstützen Sie bei Bedarf die schwächeren TN.
   Zusatzübung: Zur Festigung des Wortschatzes können Sie mit den TN das Spiel von Kopiervorlage 3/3 spielen. (s. Spieletipp unten)

Arbeitsbuch 22: Sprechübung zum Konjunktiv II

SPIEL

Wörter umschreiben

Sammeln Sie den Wortschatz einer Lektion auf Karteikarten (kleinstes Format). Sie können auch die TN dazu auffordern, immer abwechselnd den neuen Wortschatz eines Tages auf Kärtchen zu schreiben, die Sie dafür bereit stellen. Für das Spiel benötigen Sie die vorbereiteten Kärtchen, zwei Spielfiguren, eine Sanduhr o. Ä., einen kopierten Spielplan der Kopiervorlage 3/3. Bilden Sie zwei Mannschaften. Je nach Kursgröße legen Sie den Spielplan entweder in die Mitte des Tisches, um den alle TN herum sitzen, oder Sie platzieren den Spielplan auf einem separaten Tisch. Sie können bei größeren Gruppen den Spielplan auch auf OHP-Folie kopieren, so dass die TN besser mitverfolgen können, welche Gruppe vorne liegt. Die Kärtchen werden als Stapel mit der Wortseite nach unten auf den Tisch gelegt. Ein TN der beiden Gruppen beginnt, indem er nun die oberste Karte vom Stapel nimmt, die Sanduhr umdreht und versucht, das jeweilige Wort für seine Gruppe zu erklären. Dabei darf man weder das Wort selber, noch Ableitungen davon nennen. Beispiel: Wenn der TN das Wort „Traum" erklären soll, darf er weder „träumen", „Träume", „Träumerei", „verträumt" usw. benutzen. Kann der TN das Wort nicht erklären, darf er das nächste nehmen, allerdings nur bis zu einer Anzahl von drei Karten. Erraten die TN das erklärte Wort nicht, nimmt der TN die nächste Karte. Wenn die Zeit um ist, rückt die Spielfigur dieser Gruppe um so viele Felder vor, wie Wörter erraten wurden. Dann kommt die andere Gruppe an die Reihe. Wer das Ziel als erste Gruppe erreicht, hat gewonnen.
Das Spiel kann auch ohne Spielplan gespielt werden. Dazu schreiben Sie „Gruppe 1" und „Gruppe 2" an die Tafel und ergänzen pro geratenes Wort einen Punkt.

E Der Ton macht die Musik

Focus Originallied lesen und hören; Konjunktiv II-Formen erkennen
Material OHP-Folie des Liedtextes auf KB-S. 37

1. Schauen Sie sich mit den TN das Foto an und lesen Sie die Überschrift des Liedes. Fragen Sie die TN, worum es in dem Lied gehen könnte. Sammeln Sie die Vermutungen – evtl. in Form eines Wortigels – an der Tafel.
2. Die TN lesen den Liedtext im Buch und vergleichen den Inhalt dabei mit ihren Vermutungen.

3. Fordern Sie die TN auf, alle Konjunktiv II-Formen im Liedtext in Partnerarbeit zu unterstreichen. Legen Sie anschließend die OHP-Folie auf, lassen Sie sich die Konjunktiv II-Formen von den TN nennen und unterstreichen Sie sie. Erinnern Sie die TN an die Funktion des Konjunktivs II.
4. Spielen Sie den TN das Lied bei geöffneten Büchern vor. Die TN lesen beim Hören den Text. Lassen Sie sie die Melodie mitsummen. Auf Wunsch der TN können Sie das Lied auch mehrmals vorspielen und die TN zum Mitsingen ermuntern.
5. Lenken Sie die Aufmerksamkeit der TN auf die Wortschatzerklärungen im Buch. Lassen Sie ihnen Zeit, die erklärten Textstellen zu finden. Geben Sie den TN außerdem Gelegenheit, weitere Wortschatzprobleme – wenn möglich untereinander – zu klären. Fragen Sie, was der Mann sich in den einzelnen Strophen wünscht und warum er sich das wünscht.
Zusatzübung: Schreiben Sie „Manchmal wünschte ich ...“ an die Tafel und ermuntern Sie die TN ein eigenes Gedicht oder einen alternativen Liedtext zu entwerfen. Weisen Sie sie darauf hin, dass sie den Liedtext im Buch als Modell benutzen können. Sollten die TN keine Ideen haben, dann fordern Sie sie auf, die anfangs gesammelten Vermutungen zum Inhalt des Liedes zu nutzen. Zum Abschluss können freiwillige TN ihre Gedichte bzw. Lieder vortragen.

Arbeitsbuch 23–27: Wortgruppenakzent: Akzentmuster erkennen

23 Spielen Sie den ersten Satz des Textes vor und erklären Sie den TN die Aufgabenstellung. Die TN hören den restlichen Text und markieren die Wortgruppen. Lesen Sie die weitere Arbeitsanweisung und das Beispiel im Buch gemeinsam mit den TN. Erklären Sie anhand des Beispiels den Unterschied zwischen Akzentsilben und Satzakzenten. Spielen Sie den Text noch einmal vor und lassen Sie die TN die Akzentsilben unterstreichen. Ermuntern Sie die TN, die Akzentmuster beim nächsten Hören mit zu klopfen oder mit zu klatschen.

24 Die TN lesen die Regel und ergänzen Sie mit passenden Beispielen aus der Übung 23.

25 Spielen Sie den TN die Akzentmuster und Beispiele vor und fordern Sie sie auf, die Akzentsilben zu markieren. Beim zweiten Hören klopfen oder klatschen die TN die Akzentmuster mit.

26 Die TN lesen die Wortgruppen, markieren die Akzentsilben und sortieren die Beispiele nach den verschiedenen Akzentmustern, indem sie eine entsprechende Tabelle in ihrem Heft anlegen. Spielen Sie die Wortgruppen vor, die TN sprechen die Beispiele nach und überprüfen so ihre Ergebnisse.

27 Die TN ergänzen das Gedicht zum Thema „Heimat“ und markieren die Akzente unter Anwendung der Regel aus der Übung 24. Anschließend üben Sie ihre Gedichte ein und freiwillige TN tragen ihr Gedicht vor.

Cartoon

Focus Cartoon als Gesprächs- und Schreibanlass, Texte und Zeichnungen zum Thema „Träume“
Material *Zusatzübung:* Kopien von Kopiervorlage 3/4 „Schreibwerkstatt“

1. Die TN betrachten den Cartoon und sprechen über die Träume der Frau und des Mannes. Regen Sie das Gespräch an, indem Sie Fragen stellen wie z. B.: „Wer ist dieser Mann und diese Frau?“, „Wo sind sie?“, „Wovon träumen sie?“, „Warum?“ Die TN schreiben anschließend eine passende Geschichte zum Cartoon. Freiwillige TN lesen ihre Geschichte anschließend vor.

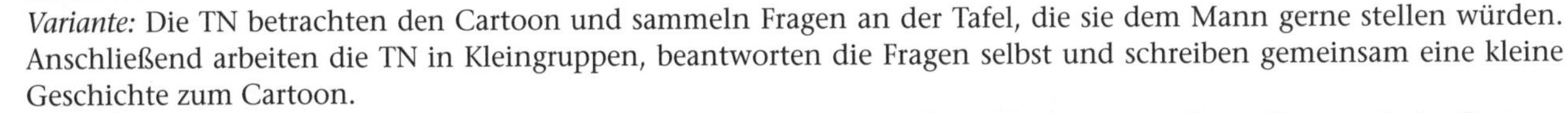

Variante: Die TN betrachten den Cartoon und sammeln Fragen an der Tafel, die sie dem Mann gerne stellen würden. Anschließend arbeiten die TN in Kleingruppen, beantworten die Fragen selbst und schreiben gemeinsam eine kleine Geschichte zum Cartoon.
2. Fragen Sie die TN „Wovon träumen Sie?“ Geben Sie ihnen Zeit, eine kleine Zeichnung zu ihrem Traum wie im Cartoon anzufertigen. Anschließend sammeln Sie die Zeichnungen ein, verteilen sie neu und die TN finden heraus, welcher Traum zu welchem TN gehört. Die TN erläutern dann ihre Zeichnungen und schreiben schließlich einen zur Zeichnung passenden Text über ihren Traum.
Zusatzübung: Verteilen Sie die Kopien der Kopiervorlage 3/4. Die TN schreiben aus Assoziationen einen kurzen Text und danach verfassen sie aus Stichwörtern ein Gedicht.

F Kurz & bündig

Diktate

Diktat

Heimat
In der heutigen Zeit ist „Heimat" für viele Menschen nicht mehr ein bestimmter Ort, wie ein Land, eine Stadt oder ein Haus. Menschen wechseln viel öfter als früher ihre Wohnorte, um ihre Berufschancen zu verbessern, um die Welt kennen zu lernen oder um den schlechten Lebensbedingungen in ihrem Land zu entkommen. Bei der Frage nach ihrer Heimat geben viele Menschen deshalb gleich mehrere Orte an oder beschreiben Heimat als einen bestimmten Geruch, als ein besonderes Gefühl oder eine spezielle Erinnerung.
Damit ein neuer Wohnort zur zweiten Heimat wird, ist es oft wichtig, die Staatsangehörigkeit des jeweiligen Landes zu haben. Aber auch ein Pass allein garantiert natürlich nicht, dass man sich in einem Land wirklich zu Hause fühlt.

Freies Diktat

Die TN ergänzen die folgenden Sätze.

Wenn ich in Deutschland aufgewachsen wäre, ...

Wenn ich perfekt Deutsch sprechen könnte, ...

Wenn ich noch eine Fremdsprache lernen müsste, ...

Wenn ich morgen in ein fremdes Land reisen könnte, ...

Wenn ich einen neuen Beruf wählen könnte, ...

Wenn ich einen Wunsch frei hätte, ...

Lückendiktat

Kopieren Sie diesen Text auf Folie oder machen Sie Kopien. Die TN ergänzen „s" oder „ss".

Für da__ Leben im Ausland gibt es gute Gründe. Viele Menschen glauben, da__ sich ihre Berufschancen durch einen Auslandsaufenthalt verbessern. Da__ ist nicht erstaunlich, wenn man bedenkt, da__ man durch da__ Verlassen der Heimat und den Kontakt mit anderen Kulturen viele neue Erfahrungen sammeln kann. Auch da__ Erlernen einer neuen Sprache, da__ im Ausland meist leichter ist als im Sprachkurs zu Hause, kann für den späteren Beruf sehr wichtig sein. Da__ sich die Chancen für einen besseren Job durch einen Auslandsaufenthalt vergrößern, liegt schließlich auch an dem neuen Selbstbewusstsein, da__ viele Menschen von ihrer Reise mitbringen.

A Ein Job geht um die Welt

A 5 Kopiervorlage 4/1 „Was am Arbeitsplatz zählt“; Kopiervorlage 4/2 „Statistik“ *(Zusatzübungen)*

Arbeitsbuch 1–2 *(vor Kursbuch A1!)*: Wortschatzarbeit

1 Wörtererklärungen zuordnen; weitere „internationale Wörter“ ergänzen und Sätze mit „internationalen Wörtern“ schreiben (Partnerarbeit oder Hausaufgabe)

2 Wortschatz: das Gegenteil schreiben (Partnerarbeit oder Hausaufgabe)

A 1 Focus Einstieg ins Thema „Berufe: Ein Job geht um die Welt“: Vermutungen zu den Frauen auf den Fotos äußern

1. Geben Sie den TN ausreichend Zeit zum Betrachten der Collage und fordern Sie sie auf, die Bildelemente zu benennen, die Länder zu identifizieren und kurz zu beschreiben, was auf den Fotos zu sehen ist.
2. Lesen Sie gemeinsam mit den TN die Fragen zu den Fotos. Lassen Sie in Kleingruppen von 4–5 TN mögliche Antworten zu den Fragen sammeln.
3. Gehen Sie die Fragen im Buch der Reihe nach durch und lassen Sie die Gruppen ihre Antworten vorstellen und begründen. Halten Sie stark voneinander abweichende Antworten in Form offener Fragen an der Tafel fest, um sie nach dem ersten Lesen der Texte in A2 zu beantworten.
4. Schreiben Sie die Frage „Arbeiten wir um zu leben, oder leben wir um zu arbeiten?“ an die Tafel und fordern Sie die TN auf, zunächst die Bedeutung der Frage durch Umformulierungen oder Beispiele zu erklären und dann Stellung zu nehmen. Um die Diskussion anzuregen, können Sie fragen „Arbeiten Sie gerne?“, „Wofür arbeiten Sie?“, „Was sind die wichtigsten Dinge in Ihrem Leben?“, „Wofür leben Sie?“ und zusätzlich ihre persönliche Meinung (oder die einer fiktiven Person) anhand eines Beispiels erläutern. Nachdem einige TN ihre Einstellung verdeutlicht haben, schließen Sie die Diskussion ab, indem Sie das gesamte Meinungsspektrum im Kurs erheben.

Internationale Kurse: Die Frage „Arbeiten wir um zu leben, ...?“ eignet sich besonders gut für einen interkulturellen Vergleich: Lassen Sie die TN – wenn möglich – Länder- oder Regionengruppen bilden und fordern Sie sie auf, über die Einstellungen zur Arbeit und zum Leben in ihrem Land zu diskutieren. Ermuntern Sie die Gruppen, Beispiele zu sammeln, die für die eine oder andere Einstellung sprechen. Regen Sie die Suche nach Beispielen an, indem Sie nach den Regelungen für allgemeine Arbeitszeiten, Urlaubstage oder Urlaubsgeld etc. fragen. Die Gruppen präsentieren anschließend ihre Ergebnisse, versuchen Gemeinsamkeiten und Unterschiede festzuhalten sowie die Situation in ihren Ländern mit der in Deutschland (siehe Landeskunde-Info) zu vergleichen. Ermuntern Sie die TN, sich zum Abschluss jeweils für ein Traumland zu entscheiden, in dem sie gerne leben und arbeiten würden.

Sprachhomogene Kurse: Die TN bilden Kleingruppen, diskutieren die Einstellungen zu Arbeit und Leben in ihrem Land und sammeln Beispiele, anhand derer diese Einstellungen deutlich werden. Im Plenum vergleichen die TN ihre Ergebnisse und stellen sie der Situation in Deutschland gegenüber (siehe Landeskunde-Info). Ermuntern Sie die TN, sich zum Abschluss zu entscheiden, ob sie lieber in ihrem Heimatland oder in Deutschland leben und arbeiten würden.

LANDESKUNDE

Arbeitsbedingungen in Deutschland

Grundlegende Arbeitsbedingungen wie Arbeitszeit, Urlaubstage oder Verdienst werden in Deutschland überwiegend (zu 70 %) durch Tarifverträge zwischen Gewerkschaften und Arbeitgeber(verbänden) geregelt. Im Jahr 2000 betrug die tarifvertraglich geregelte Wochenarbeitszeit im Durchschnitt 37,4 Stunden (Westdeutschland) bzw. 39,2 Stunden (Ostdeutschland). Dabei lag die durchschnittliche Urlaubsdauer bei 30 Arbeitstagen im Jahr. Ein Arbeitnehmer verfügte im Jahr 2000 im Durchschnitt über ein Jahresgehalt von rund 25.000 €. Insgesamt besteht in Deutschland eine Tendenz zur Arbeitszeitverkürzung und eine verstärkte Nachfrage nach Teilzeitarbeit, da sich die Arbeitnehmer mehr Zeit für Familie oder Aus- und Weiterbildung wünschen. Dementsprechend trat im Januar 2001 das neue Gesetz zur Teilzeitarbeit in Kraft, das darauf abzielt, die Möglichkeiten für eine flexiblere Arbeitszeitgestaltung zu verbessern und nicht zuletzt auch neue Arbeitsplätze zu schaffen. Nach diesem Gesetz besteht ein grundsätzlicher Anspruch auf Teilzeitarbeit, der vor allem auch Frauen zu Gute kommen soll. Denn der europäische Vergleich zeigt, dass der Anteil berufstätiger Frauen entsprechend der Zahl an Teilzeitarbeitsplätzen steigt. So sind z. B. in Dänemark 72 % der Frauen berufstätig, in Italien dagegen nur 39 % – Deutschland liegt dabei mit 58 % knapp über dem europäischen Durchschnitt von 54 %.

A 2	Focus	globales und selegierendes Leseverständnis: Überprüfen von Vermutungen und Anfertigen von Notizen zu den wichtigsten Informationen im Text

1. Fordern Sie die TN auf, ihre in A1 formulierten Vermutungen zu überprüfen, indem sie die Fotoüberschriften lesen, den zentralen (fettgedruckten) Teil des Artikels überfliegen und dabei die gesuchten Informationen unterstreichen. Geben Sie hierfür eine Zeit vor (ca. 5 Minuten), damit sich die TN auf diese Aufgabe konzentrieren. Gehen Sie anschließend noch einmal die Fragen aus A1 durch und klären Sie, wo die Frauen leben und arbeiten, was sie von Beruf sind, ob sie sich gut kennen und wie sie miteinander Kontakt halten.

Lösung: München, São Paulo, Tokio; Mitarbeiterinnen einer internationalen Agentur für Public Relations (PR); kennen sich von internationalen Meetings; kommunizieren per E-Mail über das Intranet der Firma

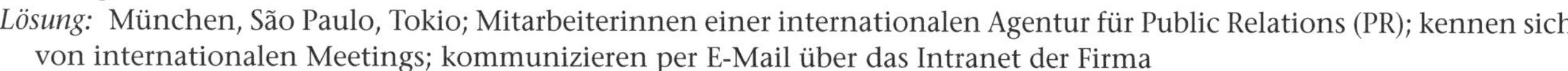

2. Erläutern Sie das weitere Vorgehen, indem Sie die verschiedenen Sparten der Tabelle gemeinsam mit den TN durchgehen und anhand der Beispieleinträge erläutern, welche Informationen hier gefragt sind. Zusätzlich können Sie die Überschriften der Sparten noch in Fragen umformulieren lassen: „Wie heißt die Person?“, „Woher kommt sie?“, „Für welche Kunden arbeitet sie?“, „Wie sehen ihr Arbeitsplatz und ihre Arbeitszeiten aus?“, „Wieviel verdient Sie?“, „Was macht sie in ihrer Freizeit / im Urlaub?“
3. Lesen Sie den Text von Fernanda Bueno gemeinsam und fordern Sie die TN auf, die Informationen aus der Tabelle im Text wieder zu finden und zu unterstreichen, um das Vorgehen für die weiteren Texte zu verdeutlichen.

4. Die TN entscheiden in Partnerarbeit, wer welchen der zwei übrigen Teile des Artikels lesen möchte, übertragen die Tabelle in ihre Hefte und ergänzen sie nach dem Lesen schrittweise zusammen mit ihrem Partner/ihrer Partnerin.
5. Schreiben Sie die Tabelle an die Tafel und lassen Sie die TN die Antworten nennen. Unstimmigkeiten können Sie zum Anlass nehmen, die entsprechende Textstelle vorlesen und klären zu lassen.

Lösungsvorschlag (die Formulierungen sind nur beispielhaft):

Name	Land	Kunden	Arbeitsbedingungen	Freizeit / Urlaub
Miyuki Ogushi	Japan (Tokio)	New Yorker Modefirma, internationale Hotelkette	Großraumbüro mit 50 bzw. 80 Leuten, ?-20 Uhr, lange Fahrzeit, $ 1.400, gutes Arbeitsklima	Treffen mit Kollegen, gemeinsame Ausflüge am Wochenende
Petra Sammer	Deutschland (München)	Burger King	großer Raum mit ca. 50 Kollegen, 7-19 Uhr (und abends zu Hause), 35 000 Euro im Jahr	Besuch internationaler Ketchum-Meetings im Ausland, Besuch der Büros vor Ort; E-Mail-Kontakt zu Kollegen im Ausland, Urlaub bei Kollegin in Hongkong

Sollten Sie in A1 offene Fragen gesammelt haben, die noch nicht geklärt sind, dann kommen Sie nun auf diese zurück und fordern Sie die TN auf, ihre ursprünglichen Vermutungen anhand des Artikels zu überprüfen.

6. Lenken Sie die Aufmerksamkeit der TN auf die an der Tafel gesammelten Angaben zu den Arbeitsbedingungen der Frauen und lassen Sie sie mittels der Frage „Wo würden Sie am liebsten arbeiten? Warum?“ vergleichen. Ermuntern Sie die TN, bei ihrer Begründung die im Buch vorgegebenen Kriterien einzubeziehen.

Zusatzübung: Die TN diskutieren in Kleingruppen, welche der im Buch vorgegebenen Kriterien sie besonders wichtig für ihren eigenen Arbeitsplatz halten, sammeln weitere Kriterien und einigen sich schließlich auf eine Rangliste, die sie abschließend im Plenum vorstellen und diskutieren.

A 3 Focus Grammatik: Systematisierung und Regelfindung zu den Konsekutivsätzen mit „so dass" und „so ..., dass"

1. Schreiben Sie den ersten Beispielsatz an die Tafel, lassen Sie von den TN die Konjunktion nennen und unterstreichen Sie sie. Fragen Sie die TN, wo ein Grund („Warum?") bzw. eine Folge („Mit welchem Ergebnis?") genannt wird. Weisen Sie die TN dann darauf hin, dass es sich bei dem Nebensatz um einen Konsekutivsatz handelt, mit Hilfe dessen eine Folge oder ein Ergebnis ausgedrückt wird. Falls es Verständnisprobleme gibt, erklären Sie den Konsekutivsatz als „umgekehrten Kausalsatz" (Beispielsatz: „Miyuki kann sich die gewünschten Informationen per Mausklick besorgen, **weil** alle Ketchum-Mitarbeiter Zugriff auf diese Daten haben."), bei dem nicht der Grund, sondern die Folge betont wird. Schreiben Sie dann den Anfang des Beispielsatzes von Typ 2 an die Tafel und fordern Sie die TN auf, den Satz im Text aus A2 zu suchen und zu vervollständigen. Fordern Sie die TN auf, die beiden Sätze zu vergleichen und die Unterschiede zu benennen. Unterstreichen Sie die Konjunktion und erläutern Sie, dass der im Hauptsatz genannte Grund bei Typ 2 besonders betont wird.

2. Die TN lesen die Beispiele im Buch und suchen nach den fehlenden Satzteilen im Text. Sie ergänzen die Satzanfänge und vergleichen ihre Lösungen in Partnerarbeit.

Lösung: **so dass** sich alle miteinander verständigen können;
dass meine Gesundheit leidet;
so gut, **dass** wir uns auch privat treffen;

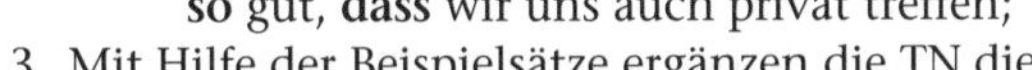

3. Mit Hilfe der Beispielsätze ergänzen die TN die Regel und vergleichen ihre Lösungen im Plenum.

Lösung: 1 Nebensätze; rechts vom 2 Grund; Folge 3 so; dass

4. Die TN lesen in drei Gruppen je einen der drei Berichte (nicht den fetten Einleitungstext) aus A2 noch einmal, suchen weitere Sätze mit „so dass" und „so ... dass" und unterstreichen sie. Anschließend sammeln Sie die Ergebnisse im Plenum.

Arbeitsbuch 3–6: Anwendungsübungen zu den Konsekutivsätzen

3 Sätze mit „so dass" und „so ... dass" bilden (Partnerarbeit oder Hausaufgabe)
4 Sätze mit „so dass", „deshalb", „weil", „denn" oder „so ... dass" ergänzen (Partnerarbeit oder Hausaufgabe)
5 Schreibübung: Geschichte schreiben mit Konnektoren für Grund und Folge (Partnerarbeit oder Hausaufgabe)
6 Schreibübung: Lesen und Unterstreichen der Konnektoren, Umformulieren der Geschichte (Hausaufgabe)

A 4 Focus gelenkte Anwendungsübung: Konsekutivsätze und Alternativen

1. Lesen Sie die Aufgabenstellung gemeinsam mit den TN und erläutern Sie sie mit Hilfe der Beispielsätze.
2. Die TN lösen die restlichen Aufgaben und vergleichen ihre Ergebnisse im Plenum.

Arbeitsbuch 7: Sätze mit „so dass", „so ... dass" und „deshalb" bilden (Partnerarbeit oder Hausaufgabe)

A 5 Focus freie Sprech- oder Schreibübung: Berichten über Arbeitsbedingungen
Material *Zusatzübungen:* Kopien von Kopiervorlage 4/1 „Was am Arbeitsplatz zählt"; Kopien oder OHP-Folie von Kopiervorlage 4/2 „Statistik"

1. Fragen Sie die TN „Wie arbeiten Sie? Wie würden Sie gerne arbeiten?" und klären Sie zur Vorbereitung der Berichte den Wortschatz der vorgegebenen Redemittel. Lassen Sie die TN zu Hause oder in Stillarbeit Notizen für ihren Bericht anfertigen.
2. Nutzen Sie die vorgegebenen Redemittel, um gemeinsam mit den TN Fragen für ein Interview zum Thema „Arbeitsbedingungen" zu sammeln, die dann als Leitfaden für ihren Bericht dienen können.

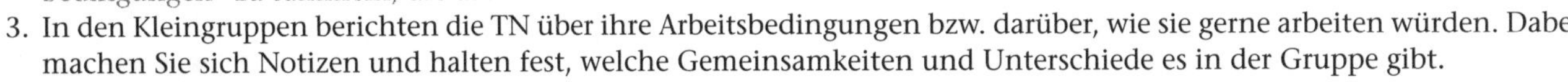

3. In den Kleingruppen berichten die TN über ihre Arbeitsbedingungen bzw. darüber, wie sie gerne arbeiten würden. Dabei machen Sie sich Notizen und halten fest, welche Gemeinsamkeiten und Unterschiede es in der Gruppe gibt.

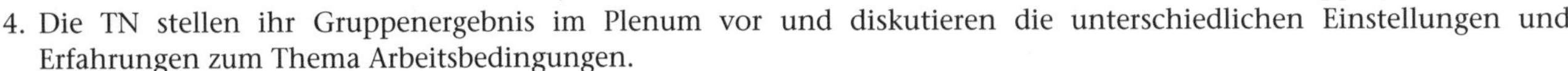

4. Die TN stellen ihr Gruppenergebnis im Plenum vor und diskutieren die unterschiedlichen Einstellungen und Erfahrungen zum Thema Arbeitsbedingungen.

Zusatzübung: Verteilen Sie die Schnipsel der Kopiervorlage 4/1 an die Kleingruppen und bitten Sie die TN sich die Begriffe mit Hilfe von Beispielen gegenseitig zu erklären. Fordern Sie die Gruppen anschließend auf zu diskutieren, welche der Bedingungen Sie für einen Arbeitsplatz besonders wichtig finden und bitten Sie sie, abschließend eine Rangfolge zu erstellen. Legen Sie dann die OHP-Folie von Kopiervorlage 4/2 auf und bitten Sie die Gruppen, ihre Ergebnisse mit der Statistik zu vergleichen. Versuchen Sie gemeinsam, mögliche Erklärungen für Gemeinsamkeiten und Unterschiede zu finden.

B Beruf oder Berufung?

B 1 Kopiervorlage 4/3 „Berufe"; leere OHP-Folien bzw. Posterpapier und Stifte
B 2 OHP-Folie der Tabelle und Ersatzform-Beispiele; Kopiervorlage 4/4 „Artikel-Puzzle"

Arbeitsbuch 8 *(vor Kursbuch B1!):* Wortschatzarbeit: Berufe und Eigenschaften (Adjektive) kombinieren (Partnerarbeit oder Hausaufgabe)

B 1 Focus selegierendes Leseverständnis: Berufsbeschreibungen bestimmte Informationen entnehmen
Material Kopiervorlage 4/3 „Berufe"; pro Kleingruppe von 4–5 TN eine leere OHP-Folie bzw. Posterpapier und Stifte

1. Legen Sie die OHP-Folie von Kopiervorlage 4/3 auf, lassen Sie die TN die Fotos kurz beschreiben und fragen Sie nach den passenden Berufsbezeichnungen.
2. Die TN sprechen in Kleingruppen von 4–5 TN darüber, was man in den genannten Berufen macht und welche Vor- und Nachteile die Berufe haben. Die Gruppen machen sich dabei Notizen und benutzen ihre Wörterbücher, wenn sie sich bei Wortschatzproblemen nicht gegenseitig helfen können.
3. Sammeln Sie die Ergebnisse der einzelnen Gruppen an der Tafel.
4. Lesen Sie die Arbeitsanweisung gemeinsam mit den TN und erläutern Sie die einzelnen Sparten der Tabelle, indem Sie die TN nach Beispieleinträgen für Berufe von der Kopiervorlage / Folie 4/3 fragen, zu denen es keinen Text gibt.
5. Teilen Sie dann die TN in drei Gruppen ein, die jeweils einen der drei Texte bearbeiten sollen. Innerhalb der Gruppen sollte eine weitere Aufteilung erfolgen: Jeder TN sucht die Informationen zu ein bis zwei Spalten. Ermuntern Sie die TN, beim Lesen die entsprechenden Textstellen zu markieren.
6. Die TN vergleichen ihre Markierungen in der Gruppe und versuchen, sich den neuen Wortschatz gemeinsam zu erschließen. Anschließend ergänzen sie gemeinsam die Tabelle für ihren Text. Gehen Sie herum, helfen Sie bei Verständnisproblemen und überprüfen Sie die Lösungen der TN. Bei Fehlern oder unvollständigen Angaben sollten Sie die TN ermuntern, die entsprechende Textstelle noch einmal zu lesen. Jede Gruppe fertigt am Ende eine OHP-Folie oder ein Poster mit der ergänzten Tabelle für ihren Text an.
7. Bitten Sie die Gruppen, ihre Ergebnisse mit Hilfe der OHP-Folie / des Posters zu präsentieren.
   Variante: Wenn die TN Poster erstellt haben, können Sie auch eine parallele Präsentation organisieren: Lassen Sie neue Gruppen bilden, wobei in jeder neuen Gruppe mindestens ein Mitglied aus jeder alten Gruppe sein sollte. Die Poster werden im Raum verteilt aufgehängt, die Gruppen wandern von Poster zu Poster, der jeweils „zuständige" TN erläutert „sein" Poster.

Lösungsvorschlag:

Reiseleiter/in				
– Erledigen der Einreiseformalitäten, Geldumtausch, Organisation von Ausflügen oder Eintrittskarten, Auskünfte über Land und Leute geben	– gute Gesundheit, Menschenkenntnis, Geduld, Unternehmungslust, Organisations- und Improvisationstalent, Durchsetzungsvermögen, Sprachkenntnisse	– in der Welt herumreisen und dafür Geld bekommen – Welt und Menschen kennen lernen – langfristige Berufsperspektive in der Tourismusbranche	– Zielscheibe des Ärgers der Gäste – viel Arbeit, interessante Länder verlieren ihren Reiz – seinen Einsatzort nicht selbst bestimmen können – Privatleben kommt zu kurz	– auf der ganzen Welt – als Animateur im Musik- oder Sportbereich – im Fremdenverkehrsamt

Polizist/in				
– Dienst im Streifenwagen, auf der Straße(nkreuzung), im Büro oder am Tatort – für die Sicherheit der Bürger sorgen – bei Unfällen helfen – Kriminalfälle lösen – Einsätze koordinieren und planen – Leiten einer Dienststelle	– Teamgeist haben – auch in Stress-Situationen die Übersicht behalten – logisch denken können – ein gutes Gedächtnis haben – unbestechlich sein	– abwechslungsreich – sicherer Arbeitsplatz	– Schichtdienst – manchmal gefährliche Einsätze	– Staatsdienst – als Detektive für private Sicherheitsdienste

Kfz-Mechaniker/in				
– Instandhalten und Reparieren von Kfz – Umgang mit modernen elektronischen Prüfgeräten – Kontakt mit Kunden und Lieferanten	– handwerkliches Geschick – Spaß am Basteln – Gründlichkeit – Zuverlässigkeit	– Beruf verlangt Flexibilität und Lernfähigkeit	– Fähigkeiten und Kenntnisse sind auch privat sehr gefragt	– in der Reparaturwerkstatt – in der Autoproduktion

Zusatzübung: Legen Sie noch einmal die Folie von Kopiervorlage 4/3 auf und sammeln Sie im Plenum oder in Kleingruppen Stichworte zu den Tabellen-Rubriken auch für diese Berufe an der Tafel. Dann diskutieren die TN, welcher der beschriebenen Berufe ihnen persönlich am besten gefällt, und erläutern, was für sie am wichtigsten bei der Entscheidung für einen Beruf ist.

B 2	Focus	Grammatik: Regelfindung zur Genitiv-Deklination
	Material	OHP-Folie der Tabelle und Ersatzform-Beispiele; zerschnittene Kopien von Kopiervorlage 4/4 „Artikel-Puzzle"

1. Schreiben Sie die beiden Beispiele aus dem Buch (der Beruf des Reiseleiters; innerhalb des Staatsdienstes) an die Tafel und lenken Sie die Aufmerksamkeit der TN auf die Artikel- und Nomenendungen, indem Sie sie farbig markieren. Erläutern Sie, dass der Genitiv beim ersten Beispiel dazu dient, sein Bezugswort genauer zu beschreiben. Weisen Sie mit Hilfe des zweiten Beispiels darauf hin, dass der Genitiv auch nach bestimmten Präpositionen steht.

2. Ermuntern Sie die TN, die Lücken in der Tabelle zu ergänzen, indem sie im Text nach den Beispielen suchen.
3. Die TN lösen die Aufgabe in Partnerarbeit, ein freiwilliges Paar ergänzt die OHP-Folie bzw. den Tafelanschrieb und verwendet dabei die in Schritt 1 verwendeten Farbmarkierung. Zum Abschluss werden die Lösungen im Plenum verglichen.

Lösung:

im Laufe de**r** Zeit	innerhalb de**s** Staatsdienste**s**	ein Wandel de**s** Berufsbilde**s**	Ärger de**r** Gäste
während de**r** Lehrzeit	der Beruf de**s** Reiseleiter**s**	Sprache de**s** Reiselande**s**	wegen de**r** Einsätze in Gruppen
	außerhalb de**s** Staatsdienste**s**	unterhalb de**s** Blech**s**	

4. Die TN ergänzen die Regeln mit Hilfe der Tabelle und vergleichen ihre Lösungen im Plenum.
Lösung: 1 Präpositionen 2 r, s
5. Lesen Sie zum Abschluss die Infobox zusammen mit den TN, lassen Sie sie Sätze mit den vorgegebenen Beispielen bilden. Verzichten Sie aber auf schematische Umformungsübungen zwischen Genitiv und Ersatzform, da beide nicht immer austauschbar sind. Als Faustregel gilt: Bei nicht-zählbaren Nomen und bei Pluralen bzw. mehreren Genitiven und in der Umgangssprache wird meistens die Ersatzform anstelle des Genitivs verwendet.

6. Verteilen Sie eine zerschnittene Kopie der Kopiervorlage 4/4 pro Kleingruppe. Der graue Teil der Tabelle bleibt dabei als Ganzes erhalten. Fordern Sie die TN auf, die Tabelle wieder zusammen zu setzen (siehe Methodentipp). Präsentieren Sie anschließend die Tabelle mit den Ausdrücken auf OHP. Vergleichen Sie mit den TN die Tabelle und lassen Sie anschließend die TN (ggf. schriftlich) Beispielsätze mit den Ausdrücken und den Wörtern aus der Tabelle bilden.

METHODE

Grammatik-Puzzle
Die Wiederholung und Festigung von Deklinationsmustern oder anderen Grammatikübersichten in Tabellenform lässt sich mit Hilfe eines Puzzles spielerisch gestalten. Dieses Vorgehen unterstützt die TN dabei, bereits vorhandenes und neues Wissen zu verbinden und zu systematisieren: Bei der Artikeldeklination müssen die TN z. B. auf ihr Wissen hinsichtlich der Artikel im Nominativ, Akkusativ und Dativ zurückgreifen sowie die neu gelernte Genitiv-Deklination in das Schema einfügen. Die TN sollten dabei in Gruppen arbeiten, ihre Lösungsversuche diskutieren und einander helfen, damit schwächere TN von den Erklärungen der stärkeren profitieren können. Stärkere TN können Tabellen mit eigenen Beispielwörtern entwerfen. Die Tabellen sollten Sie als Plakate im Kursraum aufhängen, um immer auf sie verweisen zu können, und den TN so die Chance geben, sie schrittweise zu memorisieren.

B 3	Focus	gelenkte Anwendungsübung: Ergänzen der Genitiv-Formen

1. Klären Sie die Aufgabenstellung, indem Sie den Textanfang gemeinsam mit den TN lesen und die ersten beiden Lücken unter Hinweis auf die Tabelle in B2 ergänzen lassen.
2. Die TN ergänzen die restlichen Lücken mit Hilfe der Tabelle aus B2 und vergleichen ihre Lösungen im Plenum.
Lösung: ihres Berufslebens; der Verkäuferin; der Firma; der Kauffrau; der Personalleiterin; des Marketings; des Vertriebs; ihrer Karriere; des Prüfungsausschusses der Industrie- und Handelskammer; der Ausbildung

Arbeitsbuch 9–12: Anwendungsübungen zum Genitiv
9 Ausdrücke mit dem Genitiv ergänzen (Hausaufgabe)
10 Sätze mit dem Genitiv ergänzen (Hausaufgabe)
11 Namen im Genitiv schreiben (Hausaufgabe)
12 Ergänzen der passenden Genitiv-Formen (Hausaufgabe)

B 4	Focus	schriftliche Anwendungsübung: Berufsbeschreibung

1. Erläutern Sie die Aufgabenstellung, indem Sie mit den TN die Satzanfänge lesen und beispielhaft ergänzen lassen. Verweisen Sie auf die Texte in B1 als Modelle.

2. Die TN schreiben einen Text zu dem selbstgewählten Beruf.

3. Die TN lesen in Kleingruppen ihre Texte vor, ohne dabei die jeweilige Berufsbezeichnung zu nennen. Die anderen TN versuchen den beschriebenen Beruf zu erraten.

C Arbeiten bis zum Umfallen?

C 1 Kopien der Fotos; Karteikarten mit den Berufsbezeichnungen *(Variante)*
C 3 große Karteikarten mit Berufsbezeichnungen aus C1 *(Variante)*
C 5 Kopiervorlage 4/5 „Würfelspiel: Traumjob"; Spielfiguren und Würfel

C 1

Focus globales Leseverständnis: Text erschließen durch visuelle Vorentlastung
Material *Variante:* Kopien der Fotos; Karteikarten mit den Berufsbezeichnungen

Geben Sie den TN Zeit zum Betrachten der Fotos und fordern Sie sie auf, sich zusammen mit ihrem Partner auf eine passende Zuordnung von Fotos und Berufsbezeichnungen zu einigen. Die TN vergleichen ihre Lösungen im Plenum.
Variante: Verteilen Sie die Fotos und die Karteikarten mit den Berufsbezeichnungen so, dass jeder TN ein Foto oder eine Karteikarte erhält. Wenn die Zahl der Fotos und Karteikarten nicht mit der Zahl der TN im Kurs übereinstimmt, können Sie die Fotos zerschneiden bzw. mehr als ein Foto oder eine Karteikarte pro TN verteilen. Die TN gehen herum und versuchen die Fotos und Karteikarten einander zuzuordnen. Wenn die TN alle Paare gefunden haben, öffnen sie ihre Bücher und schreiben die Berufsbezeichnungen unter die Fotos.

C 2

Focus globales Leseverständnis: Vermutungen zur Überschrift äußern; Text in Abschnitte gliedern

1. Schreiben Sie „Arbeiten bis zum Umfallen?" und die Überschrift des Textes an die Tafel und ermuntern Sie die TN einen Zusammenhang zwischen den Überschriften und den Fotos herzustellen, indem sie nach Vermutungen zum Textinhalt fragen. Machen Sie die TN gegebenenfalls darauf aufmerksam, dass die Personen auf den Fotos jeweils in zwei verschiedenen Berufen abgebildet sind.
2. Erläutern Sie die Aufgabenstellung, indem sie gemeinsam nach dem ersten Abschnitt suchen und die Lösung von den TN begründen lassen. Weisen Sie dabei darauf hin, dass ein neuer Abschnitt bedeutet, dass ein neues Thema beginnt oder ein neuer Aspekt im Text behandelt wird.
3. Die TN lesen den Text und versuchen ihn in Partnerarbeit in sinnvolle Abschnitte zu gliedern. Anschließend tun sich die Paare mit jeweils einem anderen Paar zusammen, vergleichen ihre Ergebnisse und einigen sich auf eine gemeinsame Lösung. Anschließend Vergleich im Plenum.

Lösungsvorschlag: **Abschnitt 1**: Zeile 1–5 (... Torten. / Stefanie ...); **Abschnitt 2**: Zeile 5–10 (... suchen." / Sie alle ...); **Abschnitt 3**: Zeile 10–13 (... halten. / Doch ...); **Abschnitt 4**: 14–Ende

4. Fordern Sie die Vierergruppen auf, die im Text genannten Gruppen der „Doppeljobber" zu bestimmen, indem Sie fragen „Warum haben manche Menschen zwei Jobs?"
5. Die TN berichten von den Motiven der Doppeljobber und benennen die drei Gruppen.

Lösung: 1 Menschen, die den Zusatzverdienst zum Lebensunterhalt brauchen
2 Menschen, die sich Extra-Wünsche erfüllen wollen
3 Menschen, die einen Ausgleich zum Hauptberuf suchen

Spiel

Was bin ich?

Zur Auflockerung des Unterrichtsgeschehens sowie zur Festigung und Erweiterung des Wortschatzes bietet es sich an, beim Thema „Berufe" ein Ratespiel zu integrieren, bei dem die TN bestimmte Berufe pantomimisch darstellen. Teilen Sie den Kurs dazu in zwei Gruppen ein und ermuntern Sie die TN, eine Liste mit so vielen Berufsbezeichnungen zu erstellen wie es TN in der Gruppe gibt. Die Gruppen beraten dann, welche Handbewegungen typisch für den jeweiligen Beruf sind und jeder TN sucht sich einen Beruf aus, den er gerne darstellen möchte. Das Ratespiel beginnt, indem ein TN aus Gruppe 1 seinen gewählten Beruf pantomimisch darstellt und Gruppe 2 die passende Berufsbezeichnung erraten muss. Errät Gruppe 2 den Beruf, bekommt sie einen Punkt. Wenn sie den Beruf nicht errät, bekommt Gruppe 1 einen Punkt. Dann stellt ein TN aus Gruppe 2 einen Beruf dar usw. Am Ende gewinnt die Gruppe mit den meisten Punkten.
Variante: Alternativ zu der Pantomime können Sie auch einzelnen TN einen bekannten Beruf zuteilen und den Rest der Gruppe bitten, die jeweilige Berufsbezeichnung mit der Hilfe von Ja/Nein- Fragen zu erraten. Sollten den TN keine geeigneten Fragen einfallen, dann regen Sie das Spiel an, indem Sie Fragen stellen wie z. B. „Arbeiten Sie in einem Büro?", „Arbeiten Sie mit vielen Menschen zusammen?", „Verdienen Sie viel?" etc.
Variante: Die TN können auch in Partnerarbeit ein Rätsel schreiben. Dazu wählen die TN einen Beruf und formulieren ein Rätsel (vgl. Lehrerbuch 2B, zu Seite 96; Diktat) Die TN lesen ihr Rätsel vor und die anderen TN müssen den Beruf raten.

C 3 Focus selegierendes Hörverständnis: Berufe und Gruppenzugehörigkeit herausfinden
Material *Variante:* große Karteikarten mit Berufsbezeichnungen aus C1

1. Lesen Sie die Aufgabenstellung gemeinsam mit den TN, klären Sie die Begriffe in der Infobox und verweisen Sie auf die Fotos der Personen in C1. Fordern Sie die TN auf, beim ersten Hören lediglich auf Angaben zum Hauptberuf und Nebenberuf der Personen zu achten. Spielen Sie die Hörtexte vor, machen Sie dabei nach jedem Text eine Pause, so dass die TN Zeit zum Ergänzen der Tabelle haben. Die TN vergleichen ihre Lösungen im Plenum, Unstimmigkeiten können Sie als Anlass für nochmaliges Hören nehmen.
   Variante: Verteilen Sie große Karteikarten mit den Berufsbezeichnungen aus C1 an die TN. Fordern Sie sie auf, beim Hören ihre Karte hoch zu halten, wenn der entsprechende Beruf genannt wird.

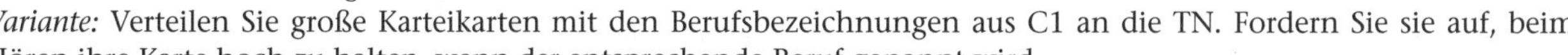

Lösung: **1** Metzger, Tankwart; **2** Bauzeichnerin, Verkäuferin; **3** Sachbearbeiterin, Sicherheitskraft; **4** Gärtner, Lehrer

2. Fordern Sie die TN auf, beim nächsten Hören darauf zu achten, wie die Personen ihre Entscheidung für einen Nebenjob begründen und ermuntern Sie sie, entsprechende Notizen anzufertigen. Anschließend vergleichen die TN ihre Ergebnisse mit einem Partner.

3. Sammeln Sie die Ergebnisse der TN an der Tafel, lassen Sie sie bei Unstimmigkeiten über die Zugehörigkeit zu den verschiedenen Gruppen diskutieren.
   Lösung: **1** Gruppe 2; **2** Gruppe 1; **3** Gruppe 3; **4** Gruppe 3

Internationale Kurse: Nutzen Sie Lese- und Hörtext als Ausgangspunkt für einen internationalen Vergleich hinsichtlich der Motive für Doppeljobber: Fragen Sie die TN, inwiefern es in ihren Ländern üblich ist, in mehr als einem Beruf zu arbeiten. Lassen Sie die TN außerdem erläutern, aus welchen Gründen Menschen in ihren Ländern mehr als eine Arbeitsstelle haben und ob es bestimmte Branchen gibt, in denen dies üblich ist.

Sprachhomogene Kurse: Regen Sie einen Vergleich zwischen dem Land der TN und Deutschland an, indem Sie die TN Motive für Doppeljobber in ihrem Land den Motiven der im Text genannten Personen gegenüberstellen lassen.

C 4 Focus Grammatik: Bedeutung und Gebrauch von „brauchen“ als Verb und Modalverb

1. Schreiben Sie die beiden Bespielsätze an die Tafel und unterstreichen Sie „brauchen“ und „brauchen“ + „nicht“ + „zu“. Fragen Sie die TN nach der Bedeutung dieser Konstruktionen. Schreiben Sie dazu „haben müssen, haben wollen“ und „nicht müssen“ an die Tafel und fordern Sie die TN auf, herauszufinden, mit welchen Verben sich die Beispielsätze umformulieren lassen. Erläutern Sie dann anhand der Beispielsätze, dass „brauchen“ sowohl als Verb (A) als auch als Modalverb (B) benutzt werden kann.

2. Die TN öffnen ihre Bücher und lesen die Regel zu „brauchen“ als Verb und Modalverb. Fordern Sie die TN dann auf, die Beispielsätze zu lesen und wie in der Regel als Typ A oder B einzustufen. Lesen Sie das erste Beispiel gemeinsam und lassen Sie die Sätze umformulieren („... ob die nicht eine Aushilfe haben wollen. Jetzt muss er sich ...“).

3. Die TN lösen die restlichen Aufgaben in Partnerarbeit und vergleichen ihre Ergebnisse im Plenum. Weisen Sie darauf hin, dass eine Umformulierung mit den vorgegebenen Paraphrasierungen nicht immer möglich ist.
   Lösung: **1** A, B; **2** B, A; **3** A, A; **4** B, A

Arbeitsbuch 13–14: Anwendungsübungen zu „brauchen“ als Verb und Modalverb
13 Sätze mit „brauchen + nicht“ + Infinitiv mit „zu“ bilden (Hausaufgabe)
14 Schreibübung: Ratschläge schreiben (Hausaufgabe)

C 5 Focus gelenkte Anwendungsübung: Interview zum Thema „Job“ mit „brauchen“
Material Kopien von Kopiervorlage 4/5 „Würfelspiel: Traumjob“; Spielfiguren und Würfel

1. Lesen Sie die drei Interviewfragen gemeinsam mit den TN und gehen Sie die Vorgaben der Reihe nach durch, um eventuelle Wortschatzprobleme zu klären.
2. Die TN machen sich Notizen zu ihrem Job bzw. zu dem Job, den sie gerne hätten und bereiten so das Interview vor.

3. Die TN interviewen sich gegenseitig und berichten abschließend im Plenum.
   Zusatzübung: Die TN schreiben zu den Fragen und mit Hilfe der Vorgaben einen kleinen Text über ihren (Wunsch-)Job.

4. Lassen Sie die TN 4er–5er Gruppen bilden, verteilen sie an jede Gruppe eine Kopie der Kopiervorlage 4/5 und erläutern Sie den Spielverlauf, indem Sie vorab mit den TN Beispielsätze lösen. *Beispiel 1:* Als Lehrer ... (viel Geduld); *Antwort:* Als Lehrer braucht man viel Geduld. *Beispiel 2:* Was brauchen Sie in Ihrem Traumjob nicht zu tun? *Antwort:* Ich brauche nicht sorgfältig zu sein. *Beispiel 3:* Als Mechaniker ... (keine Berichte schreiben) *Antwort:* Als Mechaniker brauche ich keine Berichte zu schreiben. Erläutern Sie weiterhin, dass die TN bei den Feldern mit einer Leiter in das entsprechende Feld nach oben steigen dürfen. Bei den Feldern mit einer Rutsche nach unten müssen.

D Der Ton macht die Musik

Focus „thomas d. ‚frisör'": Liedtext hören und als Gesprächsanlass nutzen
Material Lied als Schnipseltext *(Variante)*

1. Spielen Sie das Lied einmal vor und fordern Sie die TN auf, darauf zu achten, um welche Berufe es in dem Lied geht. Nehmen Sie die Antworten der TN nach dem Hören zum Anlass, zwei Wortigel an der Tafel anzulegen, in denen „Frisör" bzw. „Popstar" steht. Die TN ergänzen die Wortigel mit den Angaben zu diesen Berufen, die sie schon beim ersten Hören verstanden haben.
2. Teilen Sie den Kurs in zwei Gruppen und bitten Sie die eine Gruppe, beim zweiten Hören auf Angaben zum Leben und Beruf eines Frisörs zu achten. Die andere Gruppe konzentriert sich auf die Informationen zum Leben und Beruf eines Popstars. Nach dem Hören tragen die Gruppen ihre Ergebnisse zusammen und ein Freiwilliger pro Gruppe ergänzt den Wortigel an der Tafel. Fragen Sie nun die TN, ob Thomas Dürr ein Doppeljobber ist und was er heute für einen Beruf hat und was er aber gern sein möchte.
3. Spielen Sie den Hörtext ein drittes Mal vor, so dass die TN nun Gelegenheit haben den Wortigel der jeweils anderen Gruppe zu überprüfen und gegebenenfalls zu ergänzen.
Variante: Fertigen Sie aus Kopien des Liedes Schnipseltexte an, bei dem die einzelnen Strophen auseinandergeschnitten sind. Um den Schwierigkeitsgrad der Aufgabe zu erhöhen, können Sie auch die längeren Strophen des Liedes noch zerschneiden. Die TN rekonstruieren das Lied beim Hören in Partnerarbeit. Nach den Rekonstruktionsversuchen öffnen sie die Bücher und überprüfen ihre Ergebnisse. Anschließend unterstreichen Sie die Angaben zu den Berufen und ergänzen die Wortigel an der Tafel.
4. Gehen Sie von dem Refrain des Liedes aus und fragen Sie die TN, warum die Person, um die es in dem Lied geht, „so gern wieder Frisör wäre". Die TN suchen nach den entsprechenden Angaben im Liedtext und tragen ihre Ergebnisse im Plenum zusammen. Ermuntern Sie die TN die Vor- und Nachteile der beiden Berufe zu diskutieren, indem Sie sie fragen, ob sie lieber Popstar oder Frisör wären.
5. Spielen Sie das Lied zum Abschluss noch einmal vor. Die TN können dabei mitsingen oder -summen.

Arbeitsbuch 15–19: Aussprache von aufeinander folgenden Konsonanten (Konsonantenhäufungen) bei Komposita und Vor- oder Nachsilben.

15 Lesen Sie mit den TN die Einleitung, spielen Sie die Beispiele vor und lassen Sie die TN nachsprechen und Laut- und Schriftsprache miteinander vergleichen. Erinnern Sie die TN an Unterschiede in Schreibung und Aussprache bei bestimmten Konsonanten und Konsonantenkombinationen. Die TN lösen die Aufgaben in Partnerarbeit oder als Hausaufgabe.

16 Spielen Sie den Hörtext vor und lassen Sie die TN markieren, welches der beiden Worte zweimal vorkommt.

17 Spielen Sie den Hörtext vor. Die TN ergänzen die fehlenden Konsonanten.

18 Die TN formulieren Sätze und/oder Fragen aus den Vorgaben und üben die Aussprache in Partnerarbeit.

19 Spielen Sie den Hörtext vor. Die TN lesen mit und achten auf die Aussprache. Die TN lesen die Texte mehrmals halblaut und üben die Aussprache. Zum Abschluss spielen Sie den Hörtext noch einmal vor, die TN lesen laut mit.

E Bewerbungen

E 2 Stellenanzeigen aus deutschen Zeitungen *(Zusatzübung)*

E 1 Focus Einstieg ins Thema „Bewerbungen"

1. Fragen Sie die TN: „Was kann man machen, wenn man eine (neue) Arbeitsstelle sucht?" und sammeln Sie die Antworten in Stichworten an der Tafel. Lassen Sie die TN auch berichten, ob sie schon einmal eine Bewerbung geschrieben haben.
2. Lesen Sie die Arbeitsanweisung gemeinsam mit den TN und klären Sie den Wortschatz.

3. Die TN diskutieren in Partnerarbeit, was in eine Bewerbungsmappe gehört. Anschließend tun sie sich mit einem anderen Paar zusammen und vergleichen ihre Ergebnisse. Unstimmigkeiten nehmen die TN zum Anlass, Fragen zum Thema „Bewerbungen" zu formulieren, die abschließend im Plenum geklärt werden.
Lösung: Individuelles Anschreiben; Tabellarischer Lebenslauf; Zeugniskopien; evtl. zusätzliche Unterlagen

4. Schreiben Sie den Spruch „Für den ersten Eindruck gibt es keine zweite Chance" an die Tafel und ermuntern Sie die TN, einen Bezug zum Thema „Bewerbungen" herzustellen. Regen Sie das Gespräch an, indem Sie sie nach ihren eigenen Erfahrungen mit Bewerbungen fragen.

Internationale Kurse: Regen Sie einen Vergleich zu den verschiedenen Bewerbungsverfahren in Deutschland (siehe Landeskunde) und in den Ländern der TN an, indem Sie die TN auffordern über das bei ihnen übliche Vorgehen zu berichten. Fragen Sie dazu zunächst, wie man am besten eine Stelle sucht und ob dabei z. B. persönliche Beziehungen oder die eigenen Qualifikationen eine größere Rolle spielen. Ermuntern Sie die TN, Tipps für das Zusammenstellen einer Bewerbungsmappe für die Stellensuche in ihrem Land zu formulieren.

Sprachhomogene Kurse: Fordern Sie die TN auf, zunächst über den besten Weg für die Stellensuche in ihrem Land und die üblichen Teile einer Bewerbungsmappe zu beraten. Ausgehend von den Unterschieden zu Deutschland (vgl. Landeskunde) verfassen die TN Tipps für Deutsche, die in dem Land der TN einen Job suchen.

E 2	Focus	selegierendes Leseverständnis: Personenprofile und Stellenanzeigen einander zuordnen
	Material	*Zusatzübung:* Stellenanzeigen aus deutschen Zeitungen

1. Lesen Sie die Überschrift gemeinsam mit den TN und erklären Sie ihnen, dass es bei dieser Aufgabe darum geht, für die beschriebenen Personen eine passende Anzeige auszuwählen. Klären Sie den Wortschatz in der Infobox. Dazu sollen die TN zunächst die Angaben zu den ersten beiden Personen lesen und anschließend die Anzeigen überfliegen, um gemeinsame Anhaltspunkte zu finden. Geben Sie hierfür eine Zeit vor (ca. 5–10 Minuten) und weisen Sie die TN ggf. darauf hin, dass diese Aufgabenform auch im Zertifikat erscheint.
2. Legen Sie eine Tabelle mit den Sparten „Name“, „Beruf/Ausbildung“ und „Berufswunsch“ an der Tafel an. Fordern Sie die TN auf, die Personenbeschreibungen zu lesen und die für die Tabelle relevanten Angaben zu markieren. Sammeln Sie die Ergebnisse an der Tafel und fordern Sie die TN auf, passende Stellenangebote für die Personen zu suchen. Lösen Sie das erste Beispiel gemeinsam und lassen Sie sich die gemeinsamen Anhaltspunkte von den TN nennen (Verkäuferin, Textilgeschäft/Verkäuferin, Herren-Modewelt). Ermuntern Sie die TN bei den restlichen Aufgaben ebenso vorzugehen.

3. Die TN suchen nach passenden Anzeigen für die verbleibenden Personen. Dabei markieren sie die gemeinsamen Anhaltspunkte in Personenbeschreibung und Anzeigentext.
4. Gehen Sie die Personenbeschreibungen der Reihe nach durch und fragen Sie die TN nach dem passenden Stellenangebot. Fragen Sie nach den Schlüsselwörtern, um eventuelle Unstimmigkeiten auszuräumen.

Lösung: 1b; 2j; 3g; 4f; 5c; 6a

Zusatzübung: Die TN entwerfen in Anlehnung an die Beispiele eine kurze (u. U. auch fiktive) Personenbeschreibung zu sich selbst. Sammeln Sie die Beschreibungen ein und verteilen Sie sie neu. Die TN tun sich in Kleingruppen zusammen, wobei jede Gruppe den Stellenanzeigenteil aus einer deutschen Zeitung erhält. In den Gruppen versuchen die TN, zu den Personenbeschreibungen passende Anzeigen zu finden. Zum Abschluss präsentieren die Gruppen ihre Ergebnisse im Plenum, begründen ihre Entscheidungen und fragen den jeweiligen TN, was er oder sie von dem Stellenangebot hält.

LANDESKUNDE

Bewerbungsverfahren in Deutschland

Möchte man sich in Deutschland auf eine Stelle bewerben, so ist es üblich, eine Bewerbungsmappe zusammenzustellen und an den potentiellen Arbeitgeber zu schicken. Die Bewerbungsmappe enthält gewöhnlich:

- ein individuelles **Anschreiben** (Bewerbungsschreiben), in dem man zeigt, dass man die Fähigkeiten für die ausgeschriebene Stelle mitbringt und erklärt, inwiefern man für die Stelle geeignet ist
- einen tabellarischen **Lebenslauf**, in man die einzelnen Stationen des persönlichen Werdegangs lückenlos und chronologisch darstellt
- ein Lichtbild
- Zeugniskopien, die den im Lebenslauf dargestellten Werdegang dokumentieren (Abschluss- und Arbeitszeugnisse).

E 3 Focus Leseverständnis; Hörverständnis: Teile eines Lebenslaufes identifizieren; Schreiben eines eigenen Lebenslaufes

1. Die TN überfliegen den Text. Lenken Sie die Aufmerksamkeit der TN auf das Foto und die Jahreszahlen, um auf diese Weise die Merkmale der Textsorte „Lebenslauf" (vgl. E1, Lebenslauf gehört zwingend zur Bewerbungsmappe) zu klären. Lesen Sie dann die Arbeitsanweisung und die Überschriften gemeinsam mit den TN und weisen Sie auf das erste Beispiel im Lebenslauf hin. Ermuntern Sie die TN, auch die restlichen Überschriften den Abschnitten im Lebenslauf zuzuordnen.
2. Klären Sie die vorgegebenen Überschriften, indem Sie die TN fragen „Welche Interessen/weiteren Qualifikationen/ ... haben Sie?" und entsprechende Beispiele nennen lassen.
3. Die TN lesen den Lebenslauf und ergänzen die Überschriften in Partnerarbeit.
4. Fordern Sie die TN auf, ihre Lösungen anhand des Hörtextes zu überprüfen. Spielen Sie den Hörtext vor und fragen Sie anschließend nach der Reihenfolge der Überschriften. Nehmen Sie eventuelle Unstimmigkeiten zum Anlass für nochmaliges Hören.

Lösung: Schulbildung; Studienvorbereitung; Studium; Berufserfahrung; Weitere Qualifikationen; Interessen

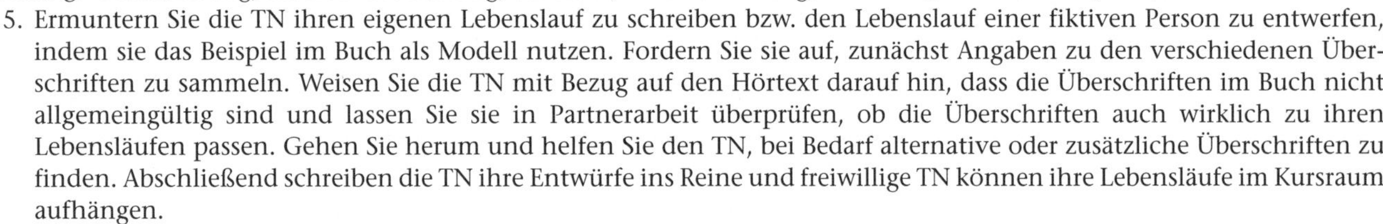

5. Ermuntern Sie die TN ihren eigenen Lebenslauf zu schreiben bzw. den Lebenslauf einer fiktiven Person zu entwerfen, indem sie das Beispiel im Buch als Modell nutzen. Fordern Sie sie auf, zunächst Angaben zu den verschiedenen Überschriften zu sammeln. Weisen Sie die TN mit Bezug auf den Hörtext darauf hin, dass die Überschriften im Buch nicht allgemeingültig sind und lassen Sie sie in Partnerarbeit überprüfen, ob die Überschriften auch wirklich zu ihren Lebensläufen passen. Gehen Sie herum und helfen Sie den TN, bei Bedarf alternative oder zusätzliche Überschriften zu finden. Abschließend schreiben die TN ihre Entwürfe ins Reine und freiwillige TN können ihre Lebensläufe im Kursraum aufhängen.

Arbeitsbuch 20–22: Leseverständnis und Schreibübung: Bewerbungsschreiben

20 Sätze in die richtige Reihenfolge bringen; Tipps zum Schreiben einer Bewerbung geben (Hausaufgabe oder Partnerarbeit)

21 Leseverständnis: Überschriften für die Abschnitte des Bewerbungsschreibens finden und Informationen unterstreichen (Hausaufgabe oder Partnerarbeit)

22 Bewerbung in die richtige Reihenfolge bringen (Hausaufgabe)

F Zwischen den Zeilen

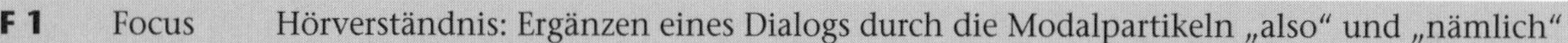

F 1 Focus Hörverständnis: Ergänzen eines Dialogs durch die Modalpartikeln „also" und „nämlich"

1. Verweisen Sie vor dem Vorspielen des Hörtextes auf die Personenbeschreibung von Andreas Eckert und die zu ihm passende Anzeige des Presseausschnittdienst „Die Schere" in E2. Erklären Sie den TN, dass sie ein Telefongespräch zwischen Herrn Eckert und einem Mitarbeiter von „Die Schere" hören werden. Fordern Sie die TN auf, beim Hören „also" und „nämlich" zu ergänzen und spielen Sie den Dialog (mehrmals) vor.

2. Die TN vergleichen ihre Lösungen. Spielen Sie dann den Hörtext eventuell noch einmal mit Pausen vor.

Lösung: **1** also; **2** also; **3** also; **4** nämlich; **5** also; **6** nämlich; **7** also; **8** also

3. Fragen Sie die TN, welchen Service der Presseausschnittdienst anbietet, für wen er arbeitet und welche Informationen und Unterlagen für die Auswertung von Stellenanzeigen notwendig sind. Die TN suchen nach den entsprechenden Angaben im Dialog und sprechen anschließend über die Vor- und Nachteile des Presseausschnittdienstes.

F 2 Focus Grammatik: Semantisierung der Modalpartikeln „also" und „nämlich"

1. Erklären Sie den TN, dass „also" und „nämlich" sehr häufig in der gesprochenen Sprache vorkommen. Lesen Sie die Erklärungen gemeinsam mit den TN und ermuntern Sie sie, einen passenden Beispielsatz im Dialog für Erklärung C zu finden.

2. Die TN ordnen die restlichen Beispiele aus F1 den Erklärungen zu und vergleichen ihre Lösungen im Plenum.

Lösung: **A** 1, 5; **B** 2, 7; **C** 3, 8; **D** 4, 6

Arbeitsbuch 23: Anwendungsübung zu „also" und „nämlich" – Sätze ergänzen (Hausaufgabe)

F 3 Focus freies Sprechen: Dialoge spielen

1. Erklären Sie den TN, dass sie zu zweit ein Bewerbungsgespräch spielen sollen und die Wörter „nämlich" und „also" dabei möglichst oft benutzen sollen. Lassen Sie die Fragen im Kasten vorlesen.
2. Nennen Sie eine mögliche Arbeitsstelle als Beispiel und sammeln Sie mit den TN an der Tafel mögliche Fragen und Antworten, die man bei einem Bewerbungsgespräch benutzen kann.
3. Die TN erarbeiten zu zweit ein Bewerbungsgespräch und üben es ein. Gehen Sie herum und helfen Sie gegebenenfalls. Anschließend präsentieren freiwillige Paare ihre Ergebnisse im Plenum.

Arbeitsbuch 24–25: Wortschatzarbeit: Wortbildungen von Adjektiven

24 Nomen aus Adjektiven ableiten, Adjektivendungen unterstreichen (Partnerarbeit oder Hausaufgabe)

25 Adjektive ergänzen (Partnerarbeit oder Hausaufgabe)

Cartoon Focus Dialoge erfinden
Zusatzübung: Kopien von Kopiervorlage 4/6 „Schreibwerkstatt"

1. Geben Sie den TN Zeit, die Zeichnung zu betrachten und die Sprechblase zu lesen. Fragen Sie dann: „Wer sind die Männer?", „Wo sind sie?", „Worüber sprechen sie?", „Was sind die Männer von Beruf?"

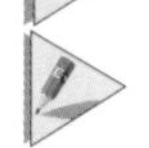

2. Ermuntern Sie die TN, zu viert einen Dialog zwischen den Männern zu schreiben. Freiwillige spielen ihren Dialog vor.

Zusatzübung: Verteilen Sie die Kopien der Kopiervorlage 4/6. Die TN fertigen Notizen zu möglichen Arten von Briefen an, lesen den Textausschnitt und schreiben danach die Geschichte zu Ende und variieren die Erzählperspektive.

G Kurz & bündig

Diktate

Diktat

Lassen Sie die TN im Anschluss an das Diktat raten, welcher Beruf gemeint ist.

Was bin ich?
In meinem Beruf arbeite ich nicht mit Maschinen, trotzdem suche ich aber manchmal nach dem Schalter, den ich drücken muss, damit der Arbeitsprozess weitergeht. Das Ergebnis meiner Arbeit kann man nicht direkt sehen, denn es versteckt sich in den Köpfen der Menschen. Wie ein Frisör verändere ich die Köpfe, aber ich brauche dafür keine Haare zu schneiden. Oft stehe ich bei meiner Arbeit im Mittelpunkt wie ein Popstar, obwohl ich gar nicht besonders gut singen kann. Wie ein Polizist kenne ich viele Regeln und passe auf, dass die Leute sie beachten, aber ich kassiere keine Strafgelder. Ich habe schon viel über verschiedene Länder dieser Welt gelernt, ohne dass ich dafür reisen musste wie ein Reiseleiter. Wie eine Sekretärin helfe ich den Menschen, ihre Gedanken zu Papier zu bringen. Manchmal bin ich aber auch wie ein Chef, der seiner Sekretärin einen Text diktiert.

Lösung: Lehrer / Lehrerin

Freies Diktat

TN ergänzen die Antworten.

Was brauchen Sie in Ihrem Traumberuf und was brauchen Sie nicht?

____

Wie müsssen Sie für Ihren Traumberuf sein und wie brauchen Sie nicht zu sein?

____

Was müssen Sie in Ihrem Traumberuf tun und was brauchen Sie nicht zu tun?

____

Lückendiktat

Kopieren Sie diesen Text auf Folie oder machen Sie Kopien. Die TN ergänzen die fehlenden Konsonanten.

Tipps für Bewerbungsge____äche

Egal, ob Sie nach einer la____istigen Beru____erspektive, einem abwe____ungsreichen Ausbildu____eruf oder einem an____uchsvollen Aushi____ob suchen – folgende E____ehlungen sollten Sie immer beachten:

- Achten Sie darauf, dass Ihre Bewerbu____appe vollständig ist: Vergessen Sie nicht das individuelle A____eiben, den tabellarischen Lebe____auf und die Zeugniskopien!
- Machen Sie keine Re____eibfehler!
- Seien Sie pü____lich!
- Achten Sie auf eine se____ewusste Ausstrahlung!
- Zeigen Sie Leistu____ereitschaft!

1–4 Lektion 1 A3

Guten Tag, mein Name ist Pohlmann. Ich begrüße Sie ganz herzlich in unserem Institut. Schön, dass Sie gekommen sind. Wir wollen heute mit Ihnen kleine Videoclips drehen. Sie können sich aber vorher auch noch ein paar Videos von anderen Kunden anschauen. So bekommen Sie dann schon mal eine Idee, wie das funktioniert. Sie werden sehen, diese Form der Partnersuche macht es viel leichter, einen geeigneten Partner zu finden. Man bekommt sehr schnell einen Eindruck von der Person. Meistens weiß man schon nach einer Minute: ‚Ja, das könnte was werden' oder ‚Der oder die interessiert mich überhaupt nicht.'
Gut. Also, das funktioniert folgendermaßen: Sie stellen sich hierhin oder setzen sich da drüben aufs Sofa, ganz, wie Sie wollen, und erzählen einfach ein bisschen was von sich, von Ihrer Person, wer sie sind, was für Eigenschaften Sie haben, was Ihnen in einer Partnerschaft wichtig ist usw. Und wir filmen Sie dabei. Halb so schlimm. Sie werden sehen, nach einer Minute haben Sie die Kamera schon völlig vergessen. Und außerdem können wir das Ganze ja auch jederzeit wiederholen.

1
Hallo! Ich heiße Heike, bin 34, ledig und hab 'ne kleine Tochter, Mareike. Tja, wie könnte man mich beschreiben? Ich denke, ich bin eher lebenslustig, optimistisch und weiß, was ich will im Leben – oder, besser gesagt, ich weiß, was ich nicht will. Die meisten Männer suchen ja so blonde Barbie-Puppen. Also die, die sind bei mir an der falschen Adresse. Aber das sieht man ja auch.
Wenn ich nicht gerade mit Mareike spiele oder male oder so, koche ich total gern, am liebsten italienisch. Essen ist was Schönes, find ich. Aber zu dritt würde es natürlich noch mehr Spaß machen. Ich versuche einfach, mein Leben zu genießen – auch, wenn es manchmal nicht gerade einfach ist als allein erziehende Mutter. Eigentlich haben Mareike und ich die Hoffnung noch nicht aufgegeben, einen lieben Mann zu finden. Das Aussehen ist mir egal. Hauptsache, er liebt mich, oder – besser gesagt uns – so, wie wir sind. Und ein bisschen interessant sollte er natürlich auch sein.

2
Tja ... Also, mein Name ist Philipp Binder, ich bin 36, von Beruf Redakteur bei einer kleinen Tageszeitung und ja, eigentlich ist es ganz einfach: Ich hab keine Lust mehr aufs Alleinsein. Beruflich klappt alles bestens. Mein Job macht mir Spaß, und verdienen tu ich auch nicht schlecht. Aber wenn man dann so nach einem anstrengenden Arbeitstag nach Hause kommt, und da ist niemand. Das ist manchmal schon ganz schön frustrierend. Und man hat auch nicht immer Lust, gleich zum Telefon zu greifen. Na ja, und von den Wochenenden ganz zu schweigen.
In meiner Freizeit interessiere ich mich für Kino, Theater und gehe gern in Kunstausstellungen. Auf'm Land leben, das könnt ich, glaub ich, nicht. Ja, was noch? Ach ja, ganz wichtig finde ich, dass ich mich auf meine Partnerin verlassen kann und dass wir zusammen lachen können. Ja, Humor ist für mich ganz wichtig in einer Beziehung.

3
Tag, ... ähm ..., mein Name ist Bauer, Werner Bauer. Ich bin seit vier Jahren geschieden. Kinder hab ich leider keine. Ich hab 'n klein'n Elektro-Laden in Bredstedt. Das ist in Nordfriesland, in der Nähe von Husum. Der Laden läuft ganz gut, damit bin ich eigentlich zufrieden, aber so allein macht's auf Dauer eben auch keinen Spaß. – Hier in Bredstedt ist zwar nicht besonders viel los, aber, ehrlich gesagt, das Stadtleben reizt mich sowieso nicht. Ich mach's mir lieber zu Hause gemütlich oder geh raus in die Natur. Ich wünsche mir so 'ne richtig schöne Familie, 'ne liebe Frau, Kinder, alles, was so dazugehört eben. Platz genug hab ich jedenfalls. Na ja, und sonst? Keine Ahnung, wie ich mich beschreiben soll. Ich bin zwar kein Arnold Schwarzenegger, aber finanzielle Probleme hab ich jedenfalls keine. Und meine Kumpels sagen, dass ich eigentlich 'ne ganz gute Partie bin.

5–6 Lektion 1 C2

1
- ● Weißt Du schon das Neuste? Roman will sich von Birke trennen.
- ■ Was? Aber die beiden haben doch erst vor zwei Jahren geheiratet. Ich erinnere mich noch gut an die Hochzeit – das war ein tolles Fest.
- ● Vor zwei Jahren? Ich dachte, sie sind schon länger verheiratet. Jedenfalls hat Roman mir neulich erzählt, dass er sich bis über beide Ohren verliebt hat.
- ■ Und in wen?
- ● Das hat er mir nicht gesagt. Aber es muss etwas Ernstes sein: Er sagt, er will sich nach der Trennung auch so schnell wie möglich von Birke scheiden lassen. Und nach der Scheidung will er dann seine neue Freundin heiraten.
- ■ Na so was! Und ich habe immer gedacht, dass er glücklich verheiratet ist.

2
- ● Na, du siehst ja so richtig glücklich und zufrieden aus.
- ▲ Ja, stimmt. Du weißt doch, dass ich seit ein paar Monaten einen neuen Freund habe. Wir sind beide wirklich total verliebt und am letzten Wochenende haben wir uns verlobt.
- ● Was? Herzlichen Glückwunsch! War das so eine richtige Verlobung, mit einem Fest, mit Ringen und so?
- ▲ Nein, nicht so offiziell. Aber Ringe haben wir und nächstes Frühjahr soll die Hochzeit sein.
- ● Na, ich hoffe nur, du hast trotzdem noch Zeit für mich – auch wenn du jetzt verlobt bist.
- ▲ Na klar. Und wie geht's dir? Lebst du weiter getrennt von deinem Mann?
- ● Ja, inzwischen sind wir auch geschieden. Ich habe jedenfalls erst mal die Nase voll von der Ehe.

7–10 Lektion 1 E3 (und E4)

7

1
- ● Bachmeier.
- ■ Na, aber nicht mehr lange Bachmeier, oder? Hallo Heike, hier ist Florian.
- ● Hi Florian.
- ■ Na, das war ja 'ne tolle Überraschung, als ich gestern die Einladung in meinem Briefkasten fand. Wann habt ihr euch denn zu diesem Schritt entschieden?
- ● Ach, das kam irgendwie ganz plötzlich. Martin wollte das ja schon lange. Na ja, und ich fand die Idee dann eigentlich auch ganz schön.
- ■ Find ich ja toll! Endlich mal wieder so ein richtig großes Fest.
- ● Ja, wir haben beschlossen, dass wir am Polterabend eine große Party machen, mit allen Freunden und so. Und am nächsten Tag, nach'm Standesamt gehen wir dann mit der Familie essen.
- ■ Ach, da muss ich ja noch mal schauen, ob wir noch ein paar alte Teller im Schrank haben – damit wir am Polterabend auch ordentlich was zum Poltern haben ...

8

2
- ● Neumann.
- ■ Hallo Eva. Hier ist Nicole.
- ● Hallo!
- ■ Danke für die Einladung. Die ist echt witzig. Und herzlichen Glückwunsch zum bestandenen Examen.
- ● Oh danke. Das Glück kann ich brauchen. Jetzt geht's ja schließlich erst richtig los, mit Jobsuche und so. Und du? Wie weit bist du eigentlich mit deinem Examen?
- ■ Ich hab meine letzte Prüfung am 1. Juni.
- ● Was? Das ist ja der Montag nach unserer Party.
- ■ Ja eben. Das ist auch das Problem. Wahrscheinlich muss ich das ganze Wochenende lernen und hab gar nicht die Ruhe, auf eine Party zu gehen.
- ● Och, das ist aber schade! Aber ich kann's natürlich auch verstehen. Du kannst ja mal sehen und dich spontan entscheiden. Vielleicht tut dir ein bisschen Ablenkung ja auch ganz gut.
- ■ Ach, ich weiß nicht. Ich würde natürlich total gern kommen. Aber du weißt ja, wie das ist.

9

3
- ● Walbrunn.
- ■ Grüß Gott, Herr Walbrunn, Meyermann am Apparat.
- ● Ah, der Herr Bürgermeister persönlich. Grüß Sie, Herr Meyermann. Wie geht's denn?
- ■ Danke, danke, alles bestens. Ich hoffe, bei Ihnen auch.
- ● Ja, ja, viel Arbeit, wie immer, aber das ist ja nichts Neues.
- ■ Herr Walbrunn, ich rufe an wegen der Jubiliäumsfeier nächste Woche. Es tut mir wirklich sehr Leid, aber ich muss Ihnen absagen. Es ist nämlich so, dass meine Frau und ich genau am Tag vorher in Urlaub fahren.
- ● Ach, wie schade! Oder besser gesagt, äh wie schön für Sie.
- ■ Ja, das ist wirklich schade. Aber mein Stellvertreter, Herr Behrens, kommt auf jeden Fall und wird auch ein paar offizielle Worte sagen. Über die Arbeit des Bauerntheaters und so.
- ● Na, wunderbar.

10

4
- ● Hallo Anja. Hier ist Bine.
- ■ Hi Bine. Schön, dass du dich meldest! Hast du meine Einladung bekommen?
- ● Ja, danke. Deshalb ruf ich an.
- ■ Und? Kommst du?
- ● Na klar komm ich. So ein Tag ist ja nun wirklich ein Grund zum Feiern. Sag mal, hast du dir eigentlich schon das Buch von Ute Ehrhardt gekauft? Du weißt doch: „Gute Mädchen kommen in den Himmel ...“.
- ■ „... und böse überall hin.“ Ja, das hab ich schon. Ach, ich weiß auch nicht. Eigentlich wünsche ich mir nichts Besonderes.
- ● Vielleicht die neue CD von Thomas D.?
- ■ Eigentlich 'ne gute Idee. Aber mein Bruder hat sich letzte Woche genau diese Scheibe besorgt. Der interessiert sich nämlich auch total für Hip-Hop.
- ● Echt? Die habt ihr schon? Schade. Na ja, egal, ich denk mir was Schönes aus, okay?
- ■ Genau. Du weißt ja sowieso meistens besser als ich, was mir gefällt.
- ● Also dann bis nächste Woche. Ich freu mich schon.
- ■ Ja, bis dann. Tschüs.

11 Lektion 1 F

12–18 Lektion 2 B3

12

1

Guten Abend, meine sehr verehrten Damen und Herren.
Ein Sturmtief bei Schottland bestimmt morgen das Wetter in Deutschland. Es zieht langsam ostwärts und bringt dabei Regen mit sich, der in den frühen Morgenstunden einsetzt. Die Temperaturen liegen am Tage in der Oberlausitz bei 7 Grad, am Rhein bei 13 Grad. In der Nacht kann es noch etwas Regen geben. Die Temperaturen werden kaum zurückgehen. Der Wind ist stürmisch bis böig. An der Nordsee kann es schwere Sturmböen geben. Auch die nächsten Tage werden wenig Änderung bringen, Regen und Sturm bleiben uns erhalten bei etwas steigenden Temperaturen.
Ihnen noch einen schönen Abend.

13

2

Wahrsagerin: Ich sehe eine große Gestalt, eine Frau, ja, das sind Sie. Sie gehen zu einem Haus, das Haus ist noch nicht fertig. Das ist Ihr Haus. Sie werden ein Haus bauen. Oh, ... Aber es wird viele Probleme geben. Sie werden jede Unterstützung brauchen können. Gehen Sie am besten gleich zu einer Rechtsanwältin. ... Und hier sehe ich viele kleine Kugeln oder Münzen?
Beratene: Ja, was ist das denn?
Wahrsagerin: Vielleicht Geld. Ja, vielleicht werden Sie viel Geld gewinnen.
Beratene: Ach, ich muss unbedingt wieder anfangen Lotto zu spielen.
Wahrsagerin: Oder Sie werden viel Geld verlieren.

14

3

Es ist nicht vorstellbar, dass es in 20 Jahren denkende Roboter geben wird. Aber wir werden mit allen möglichen elektronischen Geräten in einer sehr primitiven Sprache sprechen können. Vielleicht wird es 2050 Computer geben, die so schnell wie das menschliche Gehirn sind.

4
Politiker: Und lassen Sie mich noch etwas ganz deutlich sagen: Das größte Problem in unserem Land ist die Arbeitslosigkeit. Und da, meine Damen und Herren, hat die jetzige Regierung restlos versagt. Wir werden mit unserem Programm gegen die Arbeitslosigkeit sofort nach der Wahl beginnen. Wir werden Wege und Lösungen finden, für alle Arbeit zu schaffen. Und ich verspreche Ihnen hier und heute in aller Öffentlichkeit: Wenn Sie uns wählen, dann wird es bald keine Arbeitslosen mehr in Deutschland geben. Deshalb: Wählen Sie uns! Wählen Sie diesmal die ...
Moderator: Wir beenden nun unsere Live-Übertragung und schalten um zu unserem Korrespondenten Herbert Schmidt.

5
Löwe
Das wird eine anstrengende Woche für Sie. Sie werden viel Geduld brauchen. Saturn sorgt dafür, dass alles viel schwieriger ist als sonst und dass alles viel länger dauert.
Auch von Ihren Kollegen werden Sie kaum Unterstützung bekommen. Sie werden alles allein machen müssen.
Und Ihr Schatz wird diese Woche leider wenig Zeit für Sie haben.
Vielleicht sollten Sie eine Woche in Urlaub fahren.
Jungfrau
Ihnen gelingt in dieser Woche ...

6
Die SPD verliert 3,3 % der Stimmen und ist damit nur zweitstärkste Partei. CDU und CSU werden dagegen knapp 2 % mehr Stimmen erhalten. Die Grünen kommen auf 5,5. Die FDP wird den Einzug in den Bundestag diesmal schaffen. Sie liegt bei sicheren 5,6.

7
Frau Dr. Köstler: Wie Sie sehen, gibt es nach der Statistik heute über 6 Milliarden Menschen auf der Erde. Für das nächste Jahr prognostizieren die Experten einen erneuten und im Jahr 2025 werden mehr als 8 Milliarden Menschen auf der Erde leben. Diese Entwicklung bringt natürlich viele Probleme mit sich. Ein Hauptproblem ist dabei, so die Vereinten Nationen, die vielen heranwachsenden jungen Menschen mit Ausbildung und Arbeit zu versorgen. Vor allem in der so genannten Dritten Welt, beispielsweise in afrikanischen Ländern, wächst die Bevölkerung überproportional: Für Europa rechnet man dagegen mit einem leichten Bevölkerungsrückgang.

19 Lektion 2 B6

Werber: Meine Damen und Herren, gehen Sie nicht an Ihrer Zukunft vorüber. Kommen Sie herein und lassen Sie sich von Madame Hegerova die Zukunft sagen. Sie weiß alles, sie sieht alles, ein Blick in ihre Kugel und sie kennt Ihr ganzes Leben. Gehen Sie nicht vorüber. Und wie wäre es mit Ihnen meine Dame, mein Herr? Es interessiert Sie doch bestimmt, wie es um Ihre Liebe steht? Lassen Sie sich beraten: Madame Hegerova wird Ihnen alles über Ihre Zukunft sagen. Nutzen Sie Ihre Chance. Hereinspaziert, hereinspaziert.
Mann: Was kostet das denn?
Werber: Für Sie beide? Ein Sonderpreis, sagen wir ... 35 Euro.
Mann: Na, das ist saftig! Trotzdem, wollen wir?
Frau: Ja, das ist bestimmt lustig. Hier sind 35 Euro.
Werber: Danke sehr, die Herrschaften.
Frau: Hier ist es ja stockdunkel. Richtig unheimlich.
Madame H.: Gehen Sie nur weiter geradeaus. Ich bin hier hinten. Kommen Sie junge Frau. Kommen Sie der Herr.
Mann und Frau: Guten Tag!
Madame H.: Guten Tag! Setzen Sie sich bitte.
Frau: Wir möchten gern wissen, wie das nächste Jahr für uns wird.
Madame H..: Ich sehe eine Gestalt, einen Mann. Er ist in London. Ohhh. Ich sehe den gnädigen Herrn, er wird eine neue Arbeit in London annehmen, er wird sehr viel Geld verdienen und es ist eine sehr gute Arbeit mit vielen neuen Aufgaben.
Mann: Aber, woher wissen Sie das?
Madame H.: Ohh. Aber die gnädige Frau wird nicht mit ihm nach London gehen.
Frau: Wieso sollte ich denn ...?
Madame H.: Ich sehe einen großen Umzugswagen. Ich sehe den gnädigen Herrn am Flughafen, die gnädige Frau ist bei ihm und weint, er fliegt allein. Sie werden sich nie wieder sehen.
Frau: Ach? Und ...
Madame H.: Unterbrechen Sie mich nicht bitte. Sie werden alles von mir erfahren, alles. Ich sehe die gnädige Frau weinen. Jemand tröstet sie. Ich sehe einen blonden Mann neben der gnädigen Frau.
Mann: Das ist bestimmt Peter, ich hab's doch gewusst!
Madame H.: Sie werden den blonden Mann heiraten, und der gnädige Herr wird allein in London leben. Sie werden drei Kinder bekommen, aber Sie werden weiterarbeiten und Ihren Beruf nicht aufgeben.
Frau: Aber ich will doch gar keine Kinder. Und mit Peter ist doch seit fünf Monaten Schluss, was soll ich denn mit Peter?
Mann: Ja, und was ist mit mir? Werde ich das ganze Jahr oder sogar mein ganzes Leben allein sein?
Madame H.: Sie werden in zwei Jahren eine rothaarige Frau kennen lernen, eine Irin, Sie werden sie nicht heiraten, aber Sie werden gemeinsam ein Geschäft führen. Ich sehe ... Ohh, Nebel kommt, Nebel kommt, ich sehe nicht mehr viel. Alles verschwindet im Nebel, die Kugel wird dunkel. Es ist vorbei. Tut mir Leid der Herr, mehr kann ich Ihnen nicht sagen, aber Sie können ja wiederkommen, vielleicht sagt mir meine Kugel dann mehr. Gehen Sie jetzt, bitte, gehen Sie, ich bin müde. Auf Wiedersehen.
Frau: Also so ein'n Quatsch habe ich ja auch noch nicht gehört! Ich und Kinder kriegen! Mit Peter!
Mann: Und die hat gedacht, wir sind ein Paar!
Frau: Tja, vielleicht war sie ein Einzelkind und war nie mit ihrem Bruder auf dem Jahrmarkt.

20 Lektion 2 C

21–24 Lektion 3 A4

1
Kursleiterin: So, ich habe heute – wie versprochen – Gäste mitgebracht, Klaus und Sabine Schiller, beide kommen hier aus Frankfurt, aber sie sind nicht mehr lange hier. Warum? Das werden wir später hören. Zuerst möchte ich, dass unsere Gäste Sie etwas kennen lernen: Wie heißen Sie? Woher kommen Sie? Warum sind Sie hier in Deutschland? Und welche

anderen Wünsche und Hobbys haben Sie? Maria, würden Sie bitte beginnen?
Ich heiße Maria Malina und komme aus Polen. Ich arbeite seit drei Monaten als Au-pair Mädchen hier. Ich bin bei einer sehr netten Familie mit zwei süßen Kindern. Ich möchte noch ein halbes Jahr in Deutschland bleiben, vielleicht gehe ich dann noch ein paar Monate nach Amerika oder England. Ich möchte später studieren: Deutsch und Englisch, um vielleicht Dolmetscherin oder Lehrerin zu werden – mal sehen. Vor dem Studium wollte ich aber unbedingt ins Ausland gehen, um meine Fremdsprachenkenntnisse zu verbessern. Ich möchte jedenfalls nicht in diesen Berufen arbeiten, ohne die Fremdsprache perfekt zu sprechen. Ich habe erst vor einem halben Jahr Abitur gemacht, deshalb erinnere ich mich noch gut an meinen Englischunterricht. Furchtbar! Wir haben immer nur das Buch aufgemacht und gelesen und dann die Grammatikübungen dazu gemacht. Dabei hätten wir so gern gelernt, über ein interessantes Thema zu diskutieren. Ich glaube, um richtig gut sprechen zu können, muss man in das jeweilige Land und dort die Sprache lernen.

2
Ich heiße Kyung-Ya Ahn und komme aus Korea. Ich bin seit einem Jahr in Deutschland. Es gefällt mir sehr gut. Auch meine beiden Söhne sind gern hier. Wir bleiben vermutlich noch vier Jahre. Mein Mann ist Manager in einer sehr großen koreanischen Firma in Frankfurt. Als man ihm das Angebot gemacht hat, nach Deutschland zu gehen, hat er, ohne uns zu fragen, gleich ja gesagt. Zuerst hatte ich etwas Angst, aber wenn man erst einmal die Sprache kann, dann geht vieles leichter. Ich bin in die Volkshochschule gegangen, um Deutsch zu lernen. Das war sehr wichtig. Dort habe ich sehr nette Leute kennen gelernt. Vorher habe ich mich manchmal allein gefühlt. Jetzt mache ich auch noch einen Tiffany-Kurs. Tiffany ist mein Hobby. In Korea habe ich als Grundschullehrerin gearbeitet, hier in Deutschland bin ich Hausfrau. Wenn wir wieder zurückfahren, möchte ich wieder in meinem Beruf arbeiten.

3
Ich heiße Claude Vilgrain und komme aus Kanada. Seit einem Jahr spiele ich in Frankfurt bei den Lions. Das Publikum ist – ohne zu übertreiben – neben dem Düsseldorfer das beste in der Liga. Ich bin mit meiner Familie nach Frankfurt gegangen, weil es eine interessante Erfahrung ist, eine andere Kultur kennen zu lernen. Wir alle sind immer schon gern verreist. Frankfurt ist ein bisschen wie eine kanadische Großstadt – die Skyline und die Gebäude. Ich denke, wir werden noch einige Jahre in Europa bleiben, auch um meinen Töchtern, die sind jetzt zwei und fünf, die Möglichkeit zu geben, ein, zwei Sprachen zu lernen.
Kursleiterin: Vielen Dank!

4
Kursleiterin: So, Klaus und Sabine, in eurem Leben wird sich in Zukunft einiges verändern. Erzählt doch mal.
Klaus: Tja, vor einem Monat haben wir, ohne lange nachzudenken, unsere Jobs gekündigt und unsere Traumreise durch Amerika vorbereitet. Die meisten Leute haben uns für verrückt erklärt. Sie konnten nicht verstehen, wie man einen gut bezahlten Job einfach so aufgeben kann, um ein Jahr oder länger in der Welt herumzureisen.
Sabine: Die Frage: „Und was macht ihr, wenn ihr wieder zurück in Deutschland seid – ohne Geld, ohne Job, nicht mehr ganz so jung?“ – können wir nicht mehr hören! Das wissen wir auch nicht, aber ein ganzes Leben in einem Job bleiben, nur um im Alter abgesichert zu sein – nein, das kann es doch nicht sein.
Klaus: Wir haben beide für eine große Werbeagentur gearbeitet und unsere Arbeit hat uns Spaß gemacht, aber wir wollten noch mal was ganz anderes in diesem Leben machen. Vielleicht bleiben wir ja auch für länger in Amerika, machen eine Kneipe auf oder so.
Sabine: Ja, oder wir machen unser Hobby zu unserem neuen Beruf. Wir reisen beide sehr gerne und drehen gern Filme von unseren Reisen. Unsere Freunde fanden die Filme immer ganz toll.

25 Lektion 3 E

26–29 Lektion 4 C 3

1
Ich bin Metzger, das ist ein krisensicherer Beruf. Essen müssen die Leute immer, und: Fleisch ist ein Stück Lebenskraft, so heißt ja der schöne Werbespruch. 1800 Euro verdiene ich brutto, davon bleiben netto 1250 übrig. Große Sprünge kann ich damit nicht machen. Und ich hab schon immer von einer Weltreise geträumt. Beim Tanken hatte ich dann eines Tages die Idee: Ich hab einfach gefragt, ob die nicht eine Aushilfe brauchen. Seit April helfe ich zweimal wochentags nach 16 Uhr und jeden Samstag beim Tanken, halte die Waschstraße sauber und kümmere mich um die Grünanlagen. Jetzt brauche ich mir um die Finanzierung meiner Weltreise keine Sorgen mehr zu machen. Wenn alles klappt, geht's im nächsten Sommer los!

2
Im Hauptberuf bin ich Bauzeichnerin. Das macht mir auch Spaß, aber es bringt mir nur 1050 Euro netto im Monat. Ich bin alleinerziehend und muss schon für die Miete 470 Euro monatlich bezahlen. Ich brauche gar nicht erst zu versuchen, damit über die Runden zu kommen – für meine Tochter und mich reicht das einfach nicht. Ein Auto könnte ich mir davon auch nicht leisten, und ein Urlaub wäre sowieso nicht drin. Also arbeite ich an vier Abenden in der Woche noch in einer Konditorei, bis 20 Uhr als Verkäuferin, und danach kümmere ich mich noch um die Rechnungen und die Bestellungen. Das ist ganz schön stressig, wenn ich die Kleine in aller Hetze vom Kindergarten abhole und sie zur Oma bringe. Zum Glück kann sich meine Mutter um Marlies kümmern. Klar, ich bin froh, acht Euro pro Stunde zusätzlich zu verdienen. Wir brauchen das Geld einfach zum Leben. Aber es ist schon traurig, dass ein Job alleine heutzutage nicht mehr reicht, um zu überleben.

3
Ich bin Sachbearbeiterin bei einer großen Versicherung. Ich sitze den ganzen Tag am Schreibtisch. Das kann ganz schön eintönig sein. Da ist das Aufregendste der Gang zum Kopierer! Nein, im Ernst, mir fehlte einfach was. Ich brauchte einen Ausgleich. Jetzt bin ich nach Feierabend oft als Sicherheitskraft bei Konzerten und Sportveranstaltungen. American Football, die Rolling Stones oder die Backstreet Boys kriege ich in meinem Nebenjob als Ordnerin zu sehen. Ich kriege 40 Euro pro Einsatz und kann in

jedes Konzert gehen: Ich brauche nur meinen Ausweis vorzuzeigen.

4

Ich habe seit drei Jahren einen Nebenjob, der mir richtig Spaß macht: Ich gebe Kurse bei der Volkshochschule. „Gärtnern ohne Gift", „Was blüht denn da?" usw. – mit den Themen kenne ich mich gut aus, da brauche ich keine lange Vorbereitung. Im Hauptberuf bin ich nämlich Gärtner. Auch ein schöner Beruf, man ist halt viel an der frischen Luft und sieht, was man gemacht hat. Aber mit Menschen hab ich da halt nicht so viel zu tun. Da sind die Kurse ein prima Ausgleich. Na ja, und das Extra-Geld kann ich natürlich auch gut brauchen ... Es war nämlich immer schon mein Traum, Lehrer zu sein. Schon als Kind habe ich mit meinen Teddys Schule gespielt. Aber meine Eltern hatten nicht das Geld, mich zur Uni zu schicken. So bin ich dann Gärtner geworden. Und so vor drei Jahren hat mich dann eine Freundin auf die Idee gebracht: Versuch's doch mal bei der Volkshochschule! Da kann ich jetzt meine Fähigkeiten an andere weitergeben. Die Teilnehmer sind an meinem Wissen interessiert und geben mir auch eine Menge.

30 Lektion 4 D

31 Lektion 4 E 3

- ● Die Anzeige macht wirklich einen guten Eindruck! Was man nicht alles im Internet finden kann!
- ■ Hmhm, das Suchen hat sich gelohnt. Aber mit der Bewerbung bin ich mir nicht so sicher. Ich hab' hier meinen Lebenslauf aufgeschrieben, aber ich weiß nicht, ob das so richtig ist.
- ● Na, zeig mal. Oben links steht die Adresse mit Telefonnummer, das ist schon mal gut. Und als Überschrift „Lebenslauf", das ist auch in Ordnung.
- ■ Und oben rechts ist genug Platz fürs Foto.
- ● Na, da bin ich aber gespannt! Zeig mal. Oh, das sieht aber seriös aus!
- ■ Naja, ist ja auch vom Fotografen. Ich konnte ja schließlich kein Urlaubsbild nehmen, oder ein Familienfoto, mit den Kindern auf dem Schoß ...
- ● Jaja, schon klar. Die meisten Menschen sehen ihrem Passbild ja sowieso nicht sehr ähnlich. Und dann?
- ■ „geboren am 7. Januar 1965 in Rabat, Marokko, verheiratet, zwei Kinder, nicht ortsgebunden". Soll das eine eigene Überschrift kriegen?
- ● Vielleicht „Persönliche Daten". So, dann kommt die Schulbildung.
- ■ „Madrasat Sharia Assaloui", das habe ich mal „Grundschule Fez" genannt. Statt „Lycee Mohammed Cinq" habe ich „Gymnasium Kenitra" geschrieben. Abschluss: „Baccalaureat", das kann man wohl mit „allgemeine Hochschulreife" übersetzen.
- ● Gut. Und das Ganze heißt dann „Schulbildung".
- ■ Dann wird's schwierig, dann habe ich erst mal vier Jahre Chemie und Physik studiert, an der Université Mohammed V.
- ● Und warum steht das hier nicht unter „Studium"?
- ■ Naja, mein eigentliches Studium war ja dann in Deutschland, also für den Beruf nachher.
- ● Aber es war ja eine Universität. Hmmm. Wenn du willst, nennen wir diese Kategorie „Studienvorbereitung". Dann kannst du dein Chemie-Studium sowohl hier als auch unter „Studium" einordnen.
- ■ „Studienvorbereitung", das ist gut. Dahin passen auch die Sprachkurse und das Studienkolleg an der Fachhochschule Dortmund. Hier ist das Zeugnis.
- ● „Gesamtnote 2,9". Nicht schlecht! Wenn du willst, kannst du das dazuschreiben. Entweder in Klammern dahinter oder einfach „Abschlussnote 2,9".
- ■ Gut. Und dann: Studium der Nachrichtentechnik, Fachhochschule Dortmund. Die Abschlussnote war sogar noch etwas besser: 2,7. Das schreib ich dann auch dazu.
- ● So, dann kommt die Berufserfahrung. Wie hast du das hier genannt?
- ■ „Studienbegleitende Arbeitsverhältnisse" und „Berufsbezogene Arbeitsverhältnisse".
- ● Das würde ich zusammenfassen und einfach „Berufserfahrung" nennen.
- ■ Okay.
- ● Wie ist das mit deinen Sprachkenntnissen?
- ■ Ja. Hier. Das habe ich „Weitere Qualifikationen" genannt. Ach ja, ich hab auch öfter mal vor Gericht übersetzt. Seit Sommer 93, ich glaube, es war Juli. Sowohl für Arabisch als auch für Französisch bin ich als Dolmetscher eingesetzt worden.
- ● Das kannst du ja noch unter „Berufspraxis" schreiben.
- ■ Nee, das hat mit der Stelle wirklich überhaupt nichts zu tun. Das lasse ich dann lieber weg. Aber meine EDV-Kenntnisse passen ja auch zu „Weitere Qualifikationen".
- ● So, das ist das Berufliche. Was jetzt noch dasteht, ist die Kategorie „Hobbys".
- ■ „Hobbys"? Wie schreibt man das? Wie im Englischen mit „ie"?
- ● Keine Ahnung. Weißt du was, schreib doch einfach „Interessen".
- ■ Gute Idee. So, Ort und Datum unten drunter. Und die handschriftliche Unterschrift nicht vergessen.
- ● Sieht gut aus. Das muss nur die Firma jetzt auch noch denken. Ich halte dir die Daumen!
- ■ Vielen Dank für deine Hilfe. Möchtest du noch einen Tee? Ich würde gern noch einen trinken ...

32 Lektion 4 F 1

- ● Die Schere – Presseausschnittdienst, Hoffmann, Guten Tag.
- ■ Guten Tag, mein Name ist Eckert. ... Ja, also, ... ich habe Ihre Anzeige in der Frankfurter Rundschau gelesen und hätte Interesse an Ihrem Service. Wie funktioniert das denn genau?
- ● Ja, Herr Eckert, wie Sie der Anzeige entnehmen konnten, werten wir für Sie fast 200 verschiedene Tageszeitungen, Wochenzeitungen, Fachzeitschriften usw. aus. Wir brauchen also möglichst genaue Angaben zu Ihrer Person ... zu Ausbildung, weiteren Qualifikationen, beruflichen Zielen, in welchem Bereich Sie arbeiten wollen usw.
- ■ Da schicke ich Ihnen am besten meine Bewerbungsmappe. Da ist ja alles drin, also Lebenslauf, Zeugnisse usw.
- ● Ja, das wäre sinnvoll. Und formulieren Sie in einem Anschreiben noch mal genau Ihre Vorstellungen, dann können wir nämlich gezielter für Sie suchen.
- ■ Und was kostet das? ... Also ... Ich hoffe, das ist bezahlbar – ich bin nämlich zur Zeit arbeitslos.
- ● Da machen Sie sich mal keine Sorgen, Herr Eckert. Wir bieten diesen Service ja vielen Stellensuchenden an, für den Einzelnen ist das also günstig. Ich schicke Ihnen mal unser Angebot zu, mit Preisliste und Vertrag, also das komplette Infopaket, dann können Sie sich alles genau anschauen und ganz in Ruhe überlegen.

Lektion 1, Übung 6

Zum Abschied
Lieber Martin,
ich möchte mich von dir verabschieden. *Was? Das gibt's doch nicht* ... Du hast dich in den letzten Jahren sehr verändert. *Ich mich verändert?* ... Früher hast du dich immer gleich geärgert, wenn mich ein anderer Mann nur angeguckt hat. *Geärgert? Na ja* ... Heute amüsierst du dich selbst oft mit anderen Frauen und kümmerst dich kaum noch um mich. *Na also ... also so kann man das aber nicht sagen* ... Ich weiß nicht warum, aber ich habe mich nie beklagt. *Nie beklagt? Das ist gut!* ...
Erinnerst du dich noch an unseren letzten Urlaub? *Allerdings!* Wir hatten uns so auf Griechenland gefreut. Aber leider habe ich mich nicht besonders gut erholt. *Na, und ich? Das war vielleicht ein Stress!* ... Am schlimmsten war der Abend in der Disko. *Ja, ja* ... Da war diese dunkelhaarige Frau. Sie hat sich neben dich gesetzt und stundenlang mit dir geredet. *Stundenlang ... das ist doch Quatsch!* ... Und du hast dich den ganzen Abend nur noch für sie interessiert. *Also das ist doch lächerlich* ... Ich weiß nicht, ob ihr euch wohl gefühlt habt in dieser Situation. *Ja, ham wir* ... Für mich war es schrecklich! *Tja, wenn man immer gleich sauer ist* ... Später hast du dich nicht einmal bei mir entschuldigt. *Na, das wäre ja auch noch schöner!* ...
Es reicht. Ich habe mich entschieden: Ich gehe!
Irene *Na, dann viel Spaß! ... Mist ... und was mach' ich jetzt?*

Lektion 1, Übung 12

„Wie finde ich den Richtigen?"

Moderatorin: Guten Abend, liebe Hörerinnen und Hörer. Willkommen zu unserer heutigen Sendung in der Reihe „Fragen an die moderne Wissenschaft". Wir wollen uns heute mit einem Thema beschäftigen, das in Romanen und Filmen eine absolut zentrale Rolle spielt: Liebe auf den ersten Blick. Mein Gesprächspartner im Studio ist der Verhaltensforscher Prof. Dr. Kurt Rehberg vom Lehrstuhl für angewandte Psychologie an der Universität Sheffield, Autor zahlreicher Beiträge in psychologischen Fachzeitschriften. Herr Professor Rehberg, Liebe auf den ersten Blick – ist das etwas, worauf junge Leute warten sollten?

Rehberg: Nein, keinesfalls. Ich will nicht bestreiten, dass es so etwas wie Liebe auf den ersten Blick geben kann, aber das ist sicher nicht die Regel, sondern die Ausnahme. Wie Sie schon erwähnt haben, wird dieses Phänomen durch die Literatur und den Film hochstilisiert und sozusagen als das zentrale Ereignis in der persönlichen Biografie dargestellt. Damit wird der „Liebe auf den ersten Blick" eine Bedeutung gegeben, die sie im wirklichen Leben nie haben kann.

Moderatorin: Aber wie ist es dann im wirklichen Leben? Wie findet man den idealen Lebenspartner?

Rehberg: Nun, auch das mit dem „idealen" Lebenspartner ist natürlich mehr Fantasie als Wirklichkeit. Sagen wir doch lieber, wie findet man den „geeigneten" Lebenspartner? Und da zeigt die Erfahrung, dass die meisten Menschen ihre Partnerin oder ihren Partner in ihrem Umfeld finden, im Freundeskreis, am Arbeitsplatz oder im Sportverein.

Moderatorin: Nun gibt es Menschen, die mit schöner Regelmäßigkeit immer wieder an die falschen Partner geraten, an Menschen also, mit denen sie dann doch nicht zusammenleben können. Woran liegt das?

Lektion 1, Übung 16

- ● Ich habe das Gefühl, dass du dich gar nicht richtig über meine Geschenke freust. Das merke ich, wenn du dich bei mir bedankst. Das kommt nicht richtig „von Herzen".
- ■ Oh Schatz, das tut mir Leid, das ...
- ● Und auf unseren Urlaub freust du dich auch nicht. Jedenfalls merke ich nichts davon.
- ■ Oh Schatz, das tut mir wirklich Leid, aber ...
- ● Nein, nein, du brauchst dich gar nicht bei mir zu entschuldigen. Wenn du dich nicht freust, dann freust du dich halt nicht.
- ■ Aber das stimmt nicht. Natürlich freue ich mich auf den Urlaub mit dir, und ich freue mich auch immer über deine Geschenke! Ich habe es nur einfach nie gelernt, meine Freude richtig zu zeigen. Du weißt doch, meine Familie war nie besonders herzlich. Wenn mein Vater sich bei jemandem für irgendetwas bedankt hat, gab es immer nur ein trockenes „danke". Und er hat nie gesagt oder gezeigt, dass er sich auf irgendein Ereignis oder über irgendein Geschenk freut.
- ● Ja, ja, du und deine Familie. Ich bin mit dir zusammen, mein Lieber, nicht mit deinem Vater!
- ■ Ach komm! Ich weiß, ich kann meine Gefühle nicht so gut zeigen – das ist ein Fehler von mir, o. k. Aber warum kannst du es eigentlich nie akzeptieren, wenn ich mich für meine Fehler entschuldige?

Lektion 1, Übung 24

Auf Ihrer Geburtstagsparty sind viele Freunde und Verwandte. Eine Freundin fragt Sie, wer wer ist. Antworten Sie.

- ● Wer ist denn der Typ da hinten in der Ecke, der mit dem blauen Pullover?
- ■ Das ist mein Freund Sven, mit dem ich letztes Jahr in Urlaub war.
- ● Aha. Und die Frau neben ihm?
- ■ Das ist meine Tante Anna, der ich alles erzählen kann und die immer für mich da ist, wenn ich Probleme habe.
- ● Und die andere Frau, die mit den langen blonden Haaren?
- ■ Das ist meine Nachbarin Jasmin, der ich immer im Garten helfe.
- ● Und da drüben, der große Dunkle im Jackett?
- ■ Das ist Armin, der früher mal mein Chef war und jetzt bei einer anderen Firma arbeitet.
- ● Und der mit den lockigen Haaren daneben?
- ■ Das ist mein bester Freund Joachim, den ich schon seit meiner Schulzeit kenne und dem ich völlig vertrauen kann.
- ● Und die Frau in den bunten Klamotten? Die fällt ja richtig auf.
- ■ Das ist Silke, die ich im Spanischkurs kennen gelernt habe.
- ● Und die beiden, die dort am Fenster lehnen?
- ■ Ah, die, das sind Thomas und Michael, mit denen ich mal

in einer WG gewohnt habe.

● Und die drei Frauen an der Tür?

■ Das sind Bekannte, die mit mir im Verein Volleyball spielen.

5 Lektion 1, Übung 29

1

● Tut mir Leid, dass ich mich so spät melde. Ich habe mich wirklich beeilt, aber es ging nicht früher.

■ Schon gut. Aber du solltest dich bei Sonja entschuldigen. Die hat sich sehr über dich geärgert.

2

● Erinnert ihr euch noch an die Silvesterparty bei Sven?

■ Ja, da haben wir uns wirklich gut amüsiert.

3

● Wünscht Omar sich eigentlich etwas Bestimmtes zur Hochzeit?

■ Ich weiß nicht. Aber über einen Fernseher würde er sich sicher freuen.

4

● Kaufst du dir ein neues Kleid für Evas Hochzeit?

■ Ja, aber ich weiß nicht, welches ich nehmen soll. Ich kann mich so schwer entscheiden.

5

● Freut Mira sich auch schon so auf Isabels Geburtstag?

■ Ich glaube nicht. Auf Geburtstagspartys fühlt sie sich nie so richtig wohl.

6

● Interessierst du dich eigentlich für Astrologie?

■ Ja sehr, ich habe mir gerade ein Buch über Horoskope gekauft.

7

● Petra und Karin haben sich was Verrücktes ausgedacht. Sie wollen Kontaktanzeigen aufgeben, um neue Leute kennen zu lernen.

■ Was? So aktiv kenne ich die beiden ja gar nicht. Da haben sie sich aber sehr verändert.

8

● Habt ihr Lust, euch den neuen Tarantino anzuschauen? Der läuft ab morgen im „Cinema".

■ Aber wir sollten uns rechtzeitig Karten besorgen, das wird bestimmt voll.

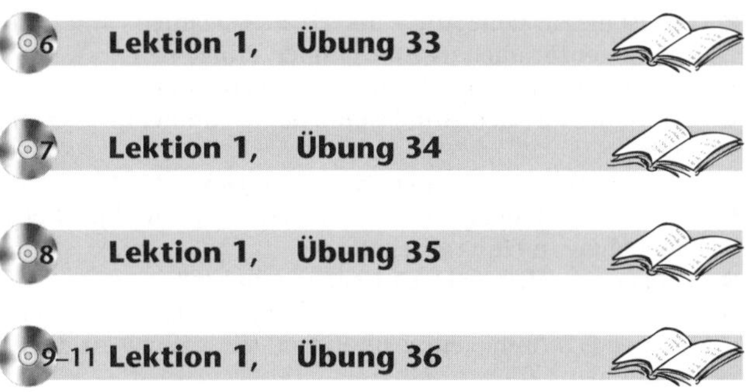

6 Lektion 1, Übung 33

7 Lektion 1, Übung 34

8 Lektion 1, Übung 35

9–11 Lektion 1, Übung 36

12 Lektion 2, Übung 3 (und 4)

Moderatorin: Guten Abend, meine Damen und Herren. Ich begrüße Sie zu unserem heutigen Thema: Ufos – Spinnerei oder Wirklichkeit? Wir haben einige Experten ins Studio eingeladen, um mit ihnen gemeinsam dieses Thema zu diskutieren. Alle haben sich lange mit dem Thema beschäftigt. Ich darf sie Ihnen kurz vorstellen: Diplomphysiker Illobrand von Ludwiger. Er arbeitet bei der Deutschen Aerospace, nebenbei betreibt er seit 20 Jahren Ufo-Forschung.

Ludwiger: Guten Abend.

Moderatorin: Dann begrüße ich Frau Dr. Godarek. Sie ist Psychologin und beschäftigt sich seit Jahren mit Menschen, die über Erlebnisse mit Außerirdischen berichten.

Godarek: Hallo.

Moderatorin: Dann darf ich Ihnen Herrn Helmer vorstellen. Herr Helmer ist vor drei Jahren von Außerirdischen entführt worden.

Helmer: Hallo.

Moderatorin: Und schließlich haben wir bei uns im Studio Herrn Haverkamp, Autor vieler Bücher über Ufos, der ganz sicher ist, dass es Außerirdische gibt, die uns regelmäßig besuchen kommen.

Haverkamp: Guten Abend.

Moderatorin: So – und wie immer sage ich Ihnen unsere Telefonnummer, damit auch Sie zu Hause sich an unserer Sendung beteiligen können: 089/21 32 42. Noch einmal, zum Mitschreiben: 089/21 32 42.
… Ja, Herr Helmer, fangen wir mit Ihnen an. Sie sind vor drei Jahren Außerirdischen begegnet. Können Sie uns ein bisschen mehr darüber berichten?

Helmer: Ja, natürlich. Also das war so: Am 3. September ging ich abends kurz nach neun Uhr noch mal mit dem Hund raus, um mir die Beine zu vertreten – ich hatte den ganzen Tag am Computer gesessen. Ich ging mit meinem Hund ein Stück den Main entlang, da kam plötzlich ein großes weißes Licht auf mich zu. Zuerst dachte ich, das ist ein Flugzeug, die sehen nachts ja schon ein bisschen wie Ufos aus. Aber es kam immer näher. Ich blieb stehen, um abzuwarten, was passiert. Etwa 100 Meter vor mir und 20 Meter über der Erde blieb es in der Luft stehen, vielleicht um einen Landeplatz zu suchen. Ich hatte schreckliche Angst, aber ich konnte nicht wegrennen, ich weiß auch nicht warum. Ich stand also da, und das Ufo landete direkt vor mir. Mein Hund lief zum Raumschiff, ich rief noch, „Halt, Waldi, bleib hier", um ihn zurückzuhalten, aber es war zu spät. Eine Tür ging auf, und zwei – ja, wie soll ich sagen – Leute kamen aus dem Ufo. Sie hatten silberne Raumanzüge an. Dann weiß ich gar nichts mehr, ich muss wohl bewusstlos geworden sein. Einen Monat später fanden mich Spaziergänger an der gleichen Stelle, mit einem Brief in der Hand und einer seltsamen Kugel. Sie brachten mich ins Krankenhaus, und ich wurde mehrfach untersucht. Ich wusste gar nichts mehr, auch nicht wie ich heiße, aber in dem Brief stand alles drin: mein Name, meine Adresse, mein Beruf … Alles sauber aufgelistet.

Moderatorin: Ja, dann erst mal vielen Dank für Ihre Ausführungen. Frau Godarek, ist Ihnen so ein Fall schon einmal untergekommen?

Godarek: Na ja, genau so nicht, aber es gibt viele, die sagen, dass sie von Außerirdischen entführt worden sind. Und so wie Herr Helmer haben sie manchmal ganz seltsame Dinge bei sich. Dann fragt man sich schon: Woher stammen diese Gegenstände? Was ist passiert?

Moderatorin: Aha, da ist schon unser erster Anrufer. Guten Abend, wer ist am Apparat, bitte?

Anruferin 1: Hier ist Sander. Ja, also ich hatte auch ein Erlebnis mit einem Ufo, aber ich habe keine Außerirdischen gesehen, ich habe nur ihre Stimmen gehört.

Moderatorin: Aha. Und wie war das?

Anruferin 1: Also, vor einer Woche habe ich ein Ufo gesehen. Es stand bei uns im Garten. Nachts. Ich habe Geräusche gehört und da hab ich aus dem Fernster geguckt. Ja, und da stand es. Ich bin rausgegangen, um es mir aus der Nähe anzuschauen. Es war ganz dunkel und ich habe niemanden gesehen und nichts gehört. Da bin ich ins Haus zurück, um die Polizei anzurufen. Als ich den Telefonhörer hochhob, hörte ich eine Stimme, die sagte, „Wir gehen schon von alleine. Sie brauchen nicht gleich die Polizei zu rufen! Auf Wiedersehen!"
Ich bin so erschrocken, dass mir der Hörer aus der Hand gefallen ist. Dann bin ich zum Fenster gerannt, um zu sehen, ob das Ufo noch im Garten steht, aber alles war wie immer, leer und still. Trotzdem habe ich die Polizei angerufen, um ihr von den mysteriösen Vorfällen in meinem Garten zu berichten.

Moderatorin: Und was hat die Polizei gemacht?

Anruferin 1: Pf, gar nichts! Natürlich. Sie haben gesagt, ich soll mich ins Bett legen und ausschlafen, morgen früh wäre dann alles wieder gut. Die haben mir einfach nicht geglaubt! Können Sie sich das vorstellen?!

Moderatorin: Ja, dann erst mal vielen Dank.

Anrufer 2: Hallo? Hallo?

Moderatorin: Ja, guten Abend. Mit wem bin ich verbunden?

Anrufer 2: Müllermann. Karlheinz Müllermann.

Moderatorin: Ja, Herr Müllermann, was möchten Sie denn zu unserem heutigen Thema beitragen.

Anrufer 2: Also ich finde das alles einen totalen Blödsinn. Diese Leute wollen sich doch nur wichtig machen. Die erfinden irgendwas, um auf sich aufmerksam zu machen. Aber haben sie Beweise für ihre Geschichten? Natürlich nicht! In welchem Jahrhundert leben wir denn?

Moderatorin: Ja, dann vielen Dank. Unser nächster Anrufer ist ...?

Anruferin 3: Sabine. Ich möchte meinen Namen nicht nennen.

Moderatorin: Kein Problem, Sabine. Was möchten Sie uns erzählen?

Anruferin 3: Ja, also ich hatte vor einem Jahr einen komischen Traum. Im Traum kamen Außerirdische zu mir und haben mir gesagt, dass ich am nächsten Tag unbedingt Lotto spielen soll. Und wenn ich gewinnen würde, dann sollte ich sie nicht vergessen und ihnen auch einen Teil des Geldes geben.

Moderatorin: Aha ...

Anruferin 3: Am nächsten Morgen hatte ich den Traum ganz vergessen, aber als ich in die Küche kam, da lag auf dem Tisch ein Lottoschein. Also ich kann nur sagen, <u>ich</u> hatte den Schein nicht dahin gelegt.

Moderatorin: Und dann?

Anruferin 3: Na ja, ich füllte den Schein aus und ging zur Annahmestelle, um ihn abzugeben.

Moderatorin: Und haben Sie tatsächlich gewonnen?

Anruferin 3: Nein, an diesem Tag habe ich nicht gewonnen, aber ich habe am nächsten Samstag wieder gespielt, und da habe ich gewonnen. Und zwar richtig!

Moderatorin: Das ist ja unglaublich! Und haben die Außerirdischen sich dann wirklich gemeldet, um einen Teil des Geldes zu holen?

Anruferin 3: Nein, sie sind nie mehr gekommen. Ich habe auch nicht mehr von ihnen geträumt. Aber ich würde ihnen gern etwas von dem Geld geben. Schließlich habe ich durch sie ein schönes, ein viel leichteres Leben als früher. Ich bin ihnen sehr dankbar. Vielleicht habe ich ja nur geträumt, aber – wie kam der Lottoschein in meine Küche?

Moderatorin: Das ist ja eine sehr interessante Geschichte. So. Frau Godarek, Sie wollten schon lange etwas sagen. Bitte sehr.

Godarek: Ja, und zwar, das war eben eine ganz typische Reaktion von diesem Herrn Müllermann, alles zu verteufeln, was nicht erklärbar ist! Ich wünsche mir, dass er mal eine Begegnung der Dritten Art hat!

13 Lektion 2, Übung 15

14 Lektion 2, Übung 16

15 Lektion 2, Übung 17

16 Lektion 2, Übung 18

17 Lektion 2, Übung 19

18–22 Lektion 2, Übung 20

23 Lektion 2, Übung 28

Sie arbeiten in einer Arztpraxis. Die Praxis muss umziehen. In der Woche, in der der Umzug ist, muss Ihre Chefin an einem Kongress teilnehmen. Sie ruft Sie aber an und möchte wissen, wie weit der Umzug ist. Antworten Sie.

■ Hier Praxis Doktor Grandel, guten Tag.
● Guten Tag, Frau Behring. Ich wollte mal hören, wie der Umzug läuft. Klappt alles?
■ Ach ja, es sieht ganz gut aus.
● Na, prima. Sind die Computer schon ausgepackt?
■ Nein, die müssen noch ausgepackt werden.
● Ach, so. Die müssen noch ausgepackt werden. Und was ist mit dem Fax-Gerät? Ist das Fax-Gerät schon angeschlossen?
■ Nein, tut mir Leid. Das muss noch angeschlossen werden.

- ● Das muss noch angeschlossen werden? Hm. Ist das Praxisschild wenigstens schon angebracht?
- ■ Nein, das muss noch angebracht werden.
- ● Aha. Das muss noch angebracht werden. Aber die Patienten sind doch bestimmt schon benachrichtigt?
- ■ Nein, die müssen noch benachrichtigt werden.
- ● Was? Die müssen noch benachrichtigt werden? Sind die Visitenkarten denn bestellt?
- ■ Nein, tut mir Leid. Die müssen noch bestellt werden.
- ● So, die müssen noch bestellt werden. Sind die Bilder denn schon aufgehängt?
- ■ Nein, die müssen noch aufgehängt werden.
- ● Die müssen noch aufgehängt werden. Ist der Teppichboden im Wartezimmer denn schon verlegt?
- ■ Nein, der muss noch verlegt werden.
- ● Der muss noch verlegt werden? Hm. Und die Lampen? Sind die wenigstens schon aufgehängt?
- ■ Nein, die müssen noch aufgehängt werden.
- ● Die müssen noch aufgehängt werden. Ach, ja. Und was ist mit dem Labor? Ist das schon eingerichtet?
- ■ Nein, das muss noch eingerichtet werden.
- ● Das muss noch eingerichtet werden. Tja. Und in der alten Praxis? Ist das Telefon schon abgemeldet?
- ■ Nein, das muss noch abgemeldet werden.
- ● Das muss noch abgemeldet werden. Aber die Zimmer in der alten Praxis, die sind doch bestimmt schon gestrichen?
- ■ Nein, tut mir Leid, die müssen noch gestrichen werden.
- ● Die müssen noch gestrichen werden. Eigentlich brauche ich ja gar nicht mehr zu fragen, aber ich tu's trotzdem: Ist die Stromrechnung von der alten Praxis schon bezahlt?
- ■ Nein, die muss noch bezahlt werden.
- ● Die muss noch bezahlt werden. Sagen Sie, Frau Behring, wofür bezahle ich Sie eigentlich?

24–25 Lektion 3, Übung 9

1

(Helen Sager, 21)

Was ich hier am Californischen Institute of Arts, in den letzten Monaten gelernt habe, ist einfach Wahnsinn. Die Lehrer geben uns nur wenig Hilfestellung, damit wir lernen, eigenständig zu studieren. Es sind Leute, die jeder in der Zeichentrick-Branche kennt: Leute, die tagsüber bei Disney und in anderen großen Studios ihre Filme machen und abends an die Schule kommen, um zu unterrichten. So eine intensive Ausbildung gibt es in Deutschland nirgends. Für mich stand schon als Kind fest, dass ich Zeichentrickfilme machen wollte. Kurz vor dem Abi habe ich dann zufällig Phil Kimmelmann getroffen, einen Regisseur, der damals in Köln drehte. Nachdem der meine Sachen gesehen hatte, meinte er: „Geh doch in die Staaten." Da habe ich noch gelacht. Aber von da an hatte ich diesen Floh im Ohr. Ich hatte mir schon früher mal eine Mappe besorgt mit Zeichentrick-Schulen in den USA, um mich erst einmal nur zu informieren. Das California Institute of Arts war da eine der Top-Adressen. Also ließ ich mir die Bewerbungsunterlagen schicken, dann einen Termin für den Sprachtest geben und bei der Botschaft ein Visum.

Als die Zusage vom Cal Arts kam, habe ich gewusst: Bingo, das ist deine Chance! Natürlich, die Studiengebühren sind irrsinnig: 16 000 Dollar pro Jahr! Dazu die Miete fürs Studentenwohnheim, für Bücher und Material, fürs Essen. Ein Auto ist nicht drin. Das Studium ist knüppelhart. Andererseits: Dafür bin ich am Cal Arts! Und das ist für mich auch eine Verpflichtung, vor allem meinen Eltern gegenüber. Ich habe zwar selbst dafür gejobbt und gespart. Aber ich hatte das Glück, dass meine Eltern sagten: Diese Chance kriegst du nur einmal im Leben, das unterstützen wir. Das Studium am Cal Arts ist die Investition in mein Leben. Damit kann ich mich in Europa und in den USA überall bewerben – und meine Chancen stehen gut. Im Augenblick reizen mich London oder Paris. Amerika ist zwar interessant, aber in letzter Zeit bin ich ein bisschen genervt von diesem ewigen Lächeln, der Oberflächlichkeit. Ich bin noch nicht einmal ein Jahr hier, aber mir ist schon klar geworden: In Europa sind meine Wurzeln.

2

(Petra Wesslein, 30)

Es war ein Samstag. Ich war gerade 20 geworden und hatte mich in den letzten Wochen abgehetzt, um die Reisevorbereitungen zu schaffen – Visum, Krankenversicherung, Ticket. Und dann saß ich im Flugzeug, ein Au-pair-Mädchen auf dem Weg nach Amerika. Ich kannte weder das Land noch die Familie, die mich abholen wollte, konnte kein Englisch. Ich hatte schon im Flieger Heimweh. Zum Glück kam ich in eine sehr nette Familie mit zwei kleinen Kindern. Die Mutter war Pharmaforscherin, der Vater Anwalt, hatte in Heidelberg studiert und unterhielt sich gern auf Deutsch. Ich verdiente für die Kinderbetreuung 100 Dollar die Woche. Nicht viel, aber ums Geld ging es mir nicht. New York ist einfach eine tolle Stadt. Nach meiner Au-pair-Zeit wollte ich deshalb noch lange nicht zurück. Also fing ich in einer Bäckerei zu jobben an, für sieben Dollar die Stunde. In Deutschland sind das Peanuts, in den USA ist das schon ganz gut. Hier muss man zugreifen, wenn man nicht untergehen will.

Ich habe in New York auch meinen Mann kennen gelernt und zusammen haben wir uns inzwischen ein Haus gekauft. In einem Jahr werde ich Teilhaberin in der Bäckerei, wo ich heute noch bediene. Dafür arbeite ich auch mindestens zehn Stunden am Tag. Zu Hause hatte ich eine Lehre als Schuhverkäuferin gemacht. Buchhaltung, Lagerhaltung – diese Kenntnisse haben mir in den USA sehr geholfen. Ich kann mir kaum vorstellen, wieder in Deutschland zu leben. Hier ist alles so viel lockerer. Und in Deutschland wäre ich wahrscheinlich auch nicht so weit gekommen.

26 Lektion 3, Übung 16

1

- ■ Guten Tag, dürfte ich Sie mal etwas fragen?
- ● Jaaa (etwas zögerlich), was denn?
- ■ Wir machen eine Umfrage zum Thema „Wovon träumen die Deutschen?" und wir **wüssten** gern, wovon Sie träumen.
- ● Jaa, ähm, also ich würde unheimlich gern mal mit einer Rakete zum Mond fliegen.
- ■ Aha, wieso denn das?
- ● Ich weiß auch nicht so genau, ich hab mir das als Kind schon immer gewünscht, als ich gesehen habe, wie der Armstrong als erster Mensch auf dem Mond spazieren gegangen ist.
- ■ Danke schön …

2

- ■ Entschuldigung, wir kommen vom Rundfunk und machen eine Umfrage: Darf ich Sie einen Moment stören?
- ● Ja, worum geht es denn?
- ■ Wir möchten gern wissen, wovon Sie träumen.
- ● Ich? Ja, also ich hätte gern eine Villa im Grünen – mit Pool. Das wäre super.

3

■ Und Sie? Haben Sie Träume?

● Ja, natürlich. Also wissen Sie, mein Chef, das ist ein ganz unmöglicher Mensch. Er schikaniert mich, wo er nur kann. Meine Arbeit macht mir ja Spaß aber so … Deshalb hätte ich gern eine eigene Firma, dann dürfte mir niemand mehr sagen, was ich tun soll. Und ich, ich wäre ein guter Chef.

■ Na, dann wünsch' ich Ihnen alles Gute …

4

■ Darf ich dich mal was fragen? Hast du einen Traum?

● Ja. Ich hätte gern im 19. Jahrhundert gelebt.

■ Warum das denn?

● Na, da wurde doch so viel erfunden. Ich hätte dann auch irgendetwas erfunden. Das Telefon zum Beispiel oder so.

■ Ach, so. Vielleicht erfindest du ja im 21. Jahrhundert etwas. …

5

■ … Verzeihung, dürfte ich Sie mal etwas fragen? Wovon träumen Sie?

● Wovon ich träume? … Jaaa, ich würde gern einmal mit Boris Becker Tennis spielen. Das wäre einfach ein Traum. Das fände ich toll. Der hat immer so toll gespielt und so sympathisch ist der. Leider spielt er ja jetzt nicht mehr. Das ist wirklich jammerschade.

■ Hm …, vielen Dank.

6

■ Verzeihung, was wünschen Sie sich?

Frau Wir? Ja, wir … würden gern im Lotto gewinnen. Wir spielen seit 20 Jahren jede Woche. Und beinahe hätte es ja schon mal geklappt, da hatten wir sechs Richtige, aber da hat mein Mann vergessen, den Schein abzugeben.

Mann Das klingt gerade so, als ob das nur mein Fehler gewesen wäre! Du hättest ja auch daran denken können.

■ So ein Pech! …

7

■ Entschuldigung. Wovon träumen Sie?

● Hm, ja, das ist eine gute Frage. Wenn ich Nachrichten sehe, dann denke ich oft: Ach, wenn doch nur endlich Frieden und Freiheit überall auf der Welt wäre, dann müsste niemand mehr seine Heimat verlassen und es gäbe weniger Leid auf der Erde. Alle Menschen sollten ohne Not leben können, finde ich.

■ Ja, das wünschen wir uns alle.

8

■ Entschuldigung. Wovon träumst du?

Kind Ich wäre gern Millionär. Dann könnte ich jeden Tag angeln gehen und müsste nicht in die Schule. Und wenn ich Lust auf Spaghetti mit Tomatensoße hätte, müsste meine Mutter das kochen.

Mutter Wie bitte? Du tust ja gerade so, als ob ich dir nie Spaghetti machen würde.

■ Tja, wohl nicht oft genug.

9

■ Entschuldigen Sie bitte, wir machen eine Umfrage zum Thema: Wovon träumen die Deutschen?

● Träumen? Wenn ich Zeit hätte, würde ich mich einfach in meinen Garten legen. Ich müsste in kein Flugzeug mehr steigen und garantiert keinen Computer mehr anschalten.

■ Ja, ja die Freizeit wird immer kostbarer. Vielen Dank.

Lektion 3, Übung 22

Sie sind zusammen mit Ihrem Partner Teilnehmer in einer Quizshow. Sie sind getrennt und können nicht hören, was Ihr Partner sagt. Der Quizmaster interviewt ihren Partner und stellt Ihnen dann die gleichen Fragen. Wie gut kennen Sie Ihren Partner? Wissen Sie, was er tun würde oder getan hätte? Antworten Sie.

Und hier die erste Frage: Was würde Ihr Partner machen, wenn er im Lotto gewinnen würde?

Ich glaube, er würde erst einmal eine Schiffsreise rund um die Welt machen.

Bravo! Die Antwort Ihres Partners lautet ebenfalls: Ich würde erst einmal eine Schiffsreise rund um die Welt machen. Frage Nummer zwei: Was hätte Ihr Partner anders gemacht, wenn er noch einmal neu entscheiden könnte?

Ich denke, er hätte keine Stadtwohnung gekauft und wäre aufs Land gezogen.

Super. Die Antwort Ihres Partners lautet ebenfalls: Ich hätte keine Stadtwohnung gekauft und wäre aufs Land gezogen. Nummer drei: Welchen Beruf würde Ihr Partner wählen, wenn er sich einen Beruf aussuchen könnte?

Ich glaube, er wäre gerne Pilot.

Hervorragend. Die Antwort Ihres Partners lautet ebenfalls: Ich wäre gerne Pilot. Frage vier: Welches Alter würde Ihr Partner gerne erreichen, wenn er das bestimmen könnte?

Ich denke, er würde gerne 99 Jahre alt werden.

Das ist unglaublich. Die Antwort Ihres Partners lautet ebenfalls: Ich würde gerne 99 Jahre alt werden. Nummer fünf: Was für ein Auto hätte Ihr Partner am liebsten, wenn Geld keine Rolle spielen würde?

Ich glaube, er hätte am liebsten einen Ferrari.

Wahnsinn. Die Antwort Ihres Partners lautet ebenfalls: Ich hätte am liebsten einen Ferrari. Nummer sechs: Ihr Partner könnte einen Abend mit seinem Lieblings-Filmstar verbringen? Was würde er tun?

Ich denke, er würde in ein Spielcasino gehen.

Also so was! Genau das hat er gesagt: Ich würde in ein Spielcasino gehen. Frage Nummer sieben: Ihr Partner könnte sein Leben tauschen – mit einem Politiker, einem Sportler oder einem Musiker. Was würde er tun?

Ich glaube, er würde mit dem Musiker tauschen.

Spitze! Die Antwort Ihres Partners lautet ebenfalls: Ich würde mit dem Musiker tauschen. Nummer 8: In was für einem Film hätte Ihr Partner am liebsten mitgespielt?

Ich glaube, er hätte am liebsten in dem Film „Titanic" mitgespielt.

Ich bin begeistert. Die Antwort Ihres Partners lautet ebenfalls: Ich hätte am liebsten in dem Film „Titanic" mitgespielt. Gleich haben Sie es geschafft, Frage neun lautet: Welche historische Persönlichkeit hätte ihr Partner gerne einmal getroffen?

Ich denke, er wäre gerne einmal mit Goethe spazieren gegangen.

Das ist ja irre! Genau so hat er es gesagt: Ich wäre gerne einmal mit Goethe spazieren gegangen. Wunderbar. 100 % Harmonie, sie kennen sich wirklich unglaublich gut. Und jetzt die letzte Frage: Wen würde ihr Partner heiraten, wenn er noch einmal heiraten könnte?

Ich denke, er würde wieder mich heiraten.

Sie glauben, er würde wieder Sie heiraten? Wirklich? Da hat er uns aber etwas ganz anderes gesagt. Tja, tut mir Leid, aber so groß ist die Harmonie wohl doch nicht. *(ausblenden)* Da müssen Sie noch ein bisschen üben – vielleicht klappt's ja beim nächsten Mal.

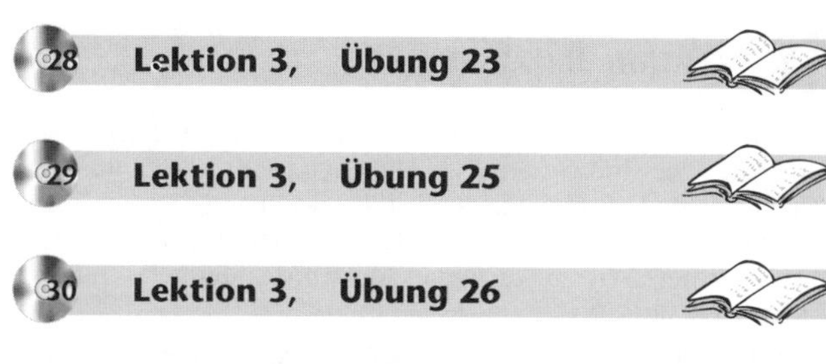

28 Lektion 3, Übung 23

29 Lektion 3, Übung 25

30 Lektion 3, Übung 26

31 Lektion 4, Übung 14

Ihre Bekannte beklagt sich über den vielen Stress. Beruhigen Sie sie und geben Sie Ratschläge.
Oh Gott, ich habe vielleicht einen Stress. Schon morgens geht's los: aufstehen, waschen, anziehen, dann die Kinder wecken und anziehen ...

Mach' dich doch nicht verrückt. Du brauchst doch die Kinder nicht anzuziehen.

Ich brauche die Kinder nicht anzuziehen? Na ja, vielleicht hast du ja Recht, sie sind ja alt genug. ... Dann Frühstück machen: frische Brötchen, Eier, Schinken, Käse, Kaffee, Kakao, Orangensaft ...

Warum machst du dir denn so viel Arbeit? Du brauchst doch nur Müsli hinzustellen.

Ich brauche nur Müsli hinzustellen? Stimmt eigentlich, viel Zeit fürs Frühstück bleibt ja sowieso nicht. Dann noch schnell das Geschirr abwaschen – das hasse ich vielleicht ...

Das ist doch ganz einfach: Du brauchst halt eine Spülmaschine.

Ich brauche eine Spülmaschine? Ach, ich weiß nicht, so viel Arbeit ist das ja auch nicht. Es ist halt alles immer so hektisch – dann noch die Kinder zur Schule bringen ...

Warum machst du dir denn so viel Arbeit? Du brauchst doch die Kinder nicht zur Schule zu bringen.

Ich brauche die Kinder nicht zur Schule zu bringen? Ja, stimmt, das ginge wahrscheinlich auch so. ... Aber dann der Weg zur Arbeit: der Bus hat immer Verspätung, ich muss fünfmal umsteigen. Wenn ich im Büro ankomme, bin ich schon fix und fertig.

Mach' dich doch nicht verrückt. Du brauchst halt ein Auto.

Ich brauche ein Auto? Aber ich habe doch gar keinen Führerschein. Und dann im Stau stehen, nein, das möchte ich nicht. Der Weg zur Arbeit ist einfach zu weit ...

Das ist doch ganz einfach: Du brauchst halt einen neuen Job.

Ich brauche einen neuen Job? Ja, vielleicht ist das die Lösung. Irgendwas hier in der Nähe, dann wird es auch mittags besser. Dieser Stress, damit das Essen rechtzeitig auf dem Tisch steht: schnell einkaufen gehen, nach Hause hetzen, kochen ...

Mach' dich doch nicht verrückt. Du brauchst doch nicht jeden Tag zu kochen.

Ich brauche nicht jeden Tag zu kochen? Na, hör mal, also dauernd Pizza oder Hamburger – das finde ich nicht so gut. ... Ja, und nachmittags ist dann die Wohnung dran, da muss ich staubsaugen und putzen ...

Warum machst du dir denn so viel Arbeit? Du brauchst doch nur einmal pro Woche zu putzen.

Ich brauche nur einmal pro Woche zu putzen? Ja, da hast du eigentlich Recht, einmal reicht auch – es wird ja sowieso wieder dreckig. ... Dann muss ich die Hausaufgaben nachsehen, das dauert auch ganz schön lange ...

Mach' dich doch nicht verrückt. Du brauchst doch die Hausaufgaben nicht immer zu kontrollieren.

Ich brauche die Hausaufgaben nicht immer zu kontrollieren? Stimmt eigentlich, schließlich sollen die Kinder ja selbstständig werden. ... Ja, und abends hänge ich dann zu Hause rum. Ich würde ja gerne mal mit Leuten ausgehen, aber ich kann doch die Kinder nicht allein lassen.

Das ist doch ganz einfach: Du brauchst halt einen Babysitter.

Ich brauche einen Babysitter? Ja, klar, aber das ist natürlich nicht billig. ... Ich meine, insgesamt komme ich schon klar, aber manchmal fühle ich mich total gestresst, einfach überfordert, so richtig hilflos ...

Mach' dich doch nicht verrückt. Du brauchst halt manchmal etwas Hilfe.

Ich brauche manchmal etwas Hilfe? Ja, wahrscheinlich. Aber es ist ja heutzutage nicht so einfach, Hilfe zu finden: Jeder kümmert sich nur um sich, niemand hat Zeit ...

Das ist doch ganz einfach: Du brauchst doch nur anzurufen.

Ich brauche nur anzurufen und um Hilfe zu bitten? Wirklich? Also, wenn das so ist: Könntest du denn morgen Nachmittag auf die Kinder aufpassen? Da würde ich nämlich gerne mal ganz in Ruhe einen Einkaufsbummel machen. Das wäre wirklich sehr lieb von dir. *((ausblenden))* Und am Wochenende mache ich doch meine Geburtstagsparty. Könntest du da vielleicht schon mittags kommen und mir ein bisschen bei den Vorbereitungen helfen? Vielen, vielen Dank ...

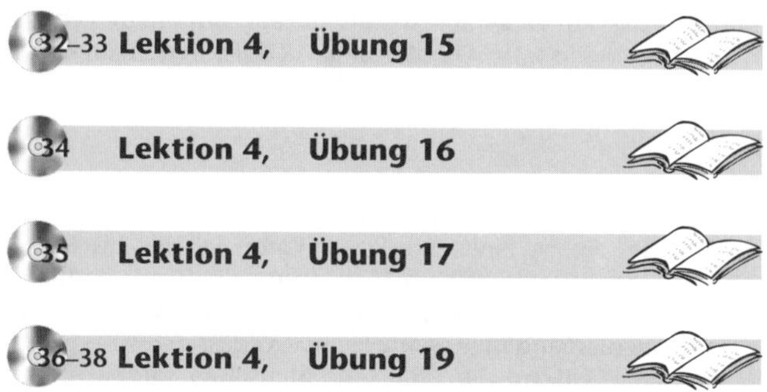

32–33 Lektion 4, Übung 15

34 Lektion 4, Übung 16

35 Lektion 4, Übung 17

36–38 Lektion 4, Übung 19

Typisch Mann? – Typisch Frau?

Frauen

Sie sind kleiner und zierlicher, haben breitere Hüften, können nicht so weit werfen. Sie gehen anders als Männer, lernen Sprachen besser und lesen mehr. Sie streben nach Harmonie, sind eher passiv. Frauen haben keine Ahnung von Autos. Sie werden schneller betrunken. Sie wollen immer über Probleme reden. Sie leben länger. Weibliche Babys lächeln häufiger.

Männer

Sie sind größer, sie laufen schneller und werfen weiter. Das Gehirn des Mannes ist schwerer, sein Herz ist größer. Männer haben breitere Schultern. Sie sind aggressiver und können ihre Gefühle nicht zeigen. Sie verdrängen ihre Probleme. Männer interessieren sich für Fußball. Sie können besser Auto fahren und sind besser in Mathematik.

„Warum leben heute so viele Menschen allein?“

Viele Menschen bleiben allein, weil sie nicht denselben Fehler machen wollen wie ihre Eltern.

Viele Menschen glauben nicht an die große Liebe.

Früher war es leichter, den richtigen Partner zu finden als heute.

Früher haben die Menschen aus finanzieller Abhängigkeit geheiratet. Heute ist das nicht mehr nötig.

Die meisten Menschen suchen einen perfekten Partner.

Den meisten Menschen ist ihre Arbeit wichtiger als eine Partnerschaft oder Familie.

Den meisten Menschen geht es zu gut. Sie haben keine existenziellen Probleme und sind einfach unzufrieden mit dem, was sie haben.

Die meisten Menschen wollen total unabhängig sein.

Die meisten Menschen glauben, dass es in einer Partnerschaft keine Konflikte geben darf.

Die meisten Menschen wollen das Geld, das sie verdienen, nur für sich selbst haben.

Die meisten Menschen wollen keine Kompromisse machen.

Die meisten Menschen leben allein, weil sie nicht wissen, wie und wo sie jemanden kennen lernen sollen.

Die meisten Menschen leben in einer Traumwelt, die nichts mit der Realität zu tun hat.

Kopiervorlage 1/3

Was passt zusammen?

Oft gibt es im Deutschen verschiedene Möglichkeiten, etwas auszudrücken: statt *sich erheben* kann man auch sagen *aufstehen*, statt *sich ärgern* passt oft auch *sauer sein*. Manchmal steht auch ein Begriff für mehrere Tätigkeiten: *sich fertig machen = ins Bad gehen, sich waschen oder duschen, Zähne putzen … sich anziehen.*

aufstehen ◆ ein bisschen Spaß haben ◆ essen gehen ◆ fragen ◆ frühstücken ◆ gehen ◆ nach Hause gehen ◆ reichlich essen ◆ sauer sein ◆ schnell ins Bett gehen ◆ schnell machen ◆ sehr müde sein ◆ sich beklagen ◆ sich fertig machen (2x) ◆ sich verteidigen ◆ sich zusammenreißen ◆ staunen ◆ um Verzeihung bitten ◆ viel trinken ◆ zur Arbeit gehen

Alltag

von Robert Gernhardt

Ich erhebe mich. ____________________
Ich kratze mich.
Ich wasche mich.
Ich ziehe mich an. ____________________
Ich stärke mich. ____________________
Ich begebe mich zur Arbeit. ____________________
Ich informiere mich. ____________________
Ich wundere mich. ____________________
Ich ärgere mich. ____________________
Ich beschwere mich. ____________________
Ich rechtfertige mich. ____________________
Ich reiße mich am Riemen. ____________________
Ich entschuldige mich. ____________________
Ich beeile mich. ____________________
Ich verabschiede mich. ____________________
Ich setze mich in ein Lokal. ____________________
Ich sättige mich. ____________________
Ich betrinke mich. ____________________
Ich amüsiere mich etwas. ____________________
Ich mache mich auf den Heimweg. ____________________
Ich wasche mich.
Ich ziehe mich aus. ____________________
Ich fühle mich sehr müde. ____________________
Ich lege mich schnell hin: ____________________

Was soll mal aus mir werden,
wenn ich mal nicht mehr bin?

Schreiben Sie ein ähnliches Gedicht mit den neuen Verben.

Robert Gernhardt
geb. 1937, studierte Malerei und Germanistik in Stuttgart und Berlin. Er lebt als freier Schriftsteller, Maler, Zeichner und Karikaturist in Frankfurt am Main.

Kopiervorlage 1/4

Lesen Sie das Gedicht, markieren Sie die Wortenden und ergänzen Sie die Satzzeichen.

Bremen wodu

von Helmut Heißenbüttel

w o d u
w a s
w o d u
w a s
w o d u w a r s t
w o
d u w a r s t
i n B r e m e n n a t ü r l i c h
u n d e r
u n d w a s
w a r d e r
w a r d e r w a s
w a r d e r m i t
i n B r e m e n
w a r d e r m i t i n B r e m e n
j a d e r w a r m i t i n B r e m e n
u n d s i e
u n d w a s
w a r d i e m i t
d i e w a r a u c h m i t
d i e w a r a u c h m i t i n B r e m e n
j a d i e w a r a u c h m i t i n B r e m e n

u n d d a
u n d d a w a s
u n d d a w a r t i h r a l l e z u s a m m e n
i n B r e m e n
u n d d a w a r t i h r a l l e z u s a m m e n i n B r e m e n
j a n a t ü r l i c h
i n B r e m e n
j a n a t ü r l i c h w a r e n w i r a l l e z u s a m m e n i n B r e m e n
u n d d a h a b t i h r d a s
h a b e n w i r w a s
o b i h r d a s d a g e t a n h a b t m e i n i c h
o b w i r d a s d a g e t a n h a b e n m e i n s t d u
o b i h r d a s a l l e z u s a m m e n d a g e t a n h a b t m e i n i c h
o b w i r d a s a l l e z u s a m m e n d a g e t a n h a b e n m e i n s t d u
o b i h r d a s a l l e z u s a m m e n i n B r e m e n d a g e t a n h a b t

w e i ß t d u d a s d e n n n i c h t
w a s w e i ß i c h n i c h t
d a s s w i r d a s d a
d a s s i h r d a s d a g e t a n h a b t
j a d a s s w i r d a s a l l e z u s a m m e n d a g e t a n h a b e n
a l l e z u s a m m e n
j a d a h a b e n w i r d a s a l l e z u s a m m e n g e t a n
i n B r e m e n
j a d a h a b e n w i r d a s a l l e z u s a m m e n i n B r e m e n g e t a n

u n d d a s s o k u r z v o r W e i h n a c h t e n

Lesen Sie das Gedicht als Dialog und achten Sie dabei auf Betonung und Satzmelodie.

objektiv

zur Einleitung / für allgemeine Kommentare

- *Auf dem Bild sieht man ...*
- *Man sieht hier ...*
- *Das Bild zeigt ...*
- *Das Bild stellt ... dar.*

für lokale Angaben

- *im Vordergrund*
- *im Hintergrund*
- *vorne*
- *hinten*
- *zwischen*
- *in der Mitte*
- *rechts von*
- *links von*

subjektiv

für Vermutungen

- *möglicherweise*
- *vielleicht*
- *vermutlich*
- *Es könnte sein, dass ...*
- *Es wäre möglich, dass ...*
- *Das könnte ... sein.*

für eigene Eindrücke

- *Ich denke, dass ...*
- *Ich glaube, dass ...*
- *Meinem Eindruck nach ...*
- *Ich habe den Eindruck, dass ...*

Kopiervorlage 2/2

Start	?	Um die Finalsätze zu lernen.	?
Um gesund zu bleiben.	?	?	Um eine interessante Arbeit zu finden.
?	Um etwas über die Zukunft zu erfahren.	?	Um neue Freunde zu finden.
Um möglichst viele Deutsche kennen zu lernen.	?	Um meinen Eltern eine Freude zu machen.	?
?	Um ein schönes Hotel für meinen Urlaub zu finden.	?	Um viel über Deutschland zu lernen.
Um meine Freunde nicht zu verlieren.	?	Um möglichst schnell eine Wohnung zu finden.	?
Um mich wohl zu fühlen.	?	?	**Ziel**

2
PARIS
BERLIN
NEW YORK

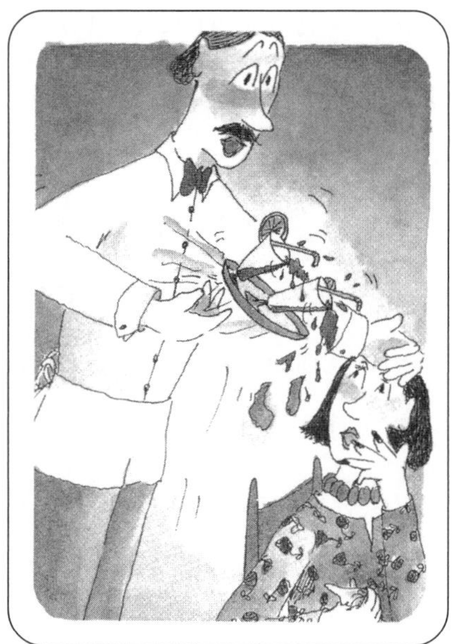

Kopiervorlage 2/4

Ergänzen Sie die Verben im Passiv.

Hypnose: Guter Wille gehört dazu

Die Hypnose hat einen schlechteren Ruf, als sie verdient. Das liegt vor allem an den Show-Hypnotiseuren, von denen willenlose Patienten

(veranlassen) in Fernsehsendungen zu peinlichen Aktionen *veranlasst* *werden* (1). Dabei ist die Hypnose ein wirkungs-

(vermindert) volles Mittel, mit dem Schmerzen *vermindert* oder

(ausschalten können) ______ ______ ______ (2). Die Grundlage dieses Verfahrens ist eine Fähigkeit, die grundsätzlich jeder besitzt. Der Mensch kann Empfindungen wie etwa Schmerz abspalten,

(richten) wenn seine Aufmerksamkeit auf etwas Anderes ______

(aktivieren) ______ (3). Bei der Hypnose ______ dieser Mechanismus ______ (4). Vor allem Menschen mit chronischen Schmerzen kann es nützen, die Selbsthypnose zu erlernen. Wer brennende Schmerzen im Bein verspürt, malt sich etwa aus, dass er am

(umspülen) Meer ist und sein Bein von kühlem Wasser ______ ______ (5). Mit solchen Reisen in die innere

(vermindern können) Vorstellungswelt ______ chronische Schmerzen einige Stunden am Tag ______ ______ (6). Dank der Hypnose überstehen manche Patienten auch Sitzungen beim Zahnarzt ohne Betäubungsmittel, selbst wenn ihnen Weisheitszähne

(ziehen) ______ ______ (7). Solche Anwendungen haben Tradition. Im vorigen Jahrhundert führten Chirurgen selbst größere Operationen unter Hypnose durch, weil es noch keine Betäubungs-

(bezahlen) mittel gab. Hypnose-Behandlungen ______ von den Krankenkassen in der Regel nicht ______ (8).

Sammeln Sie weitere Argumente, die zu Ihrer Rolle passen und Ihre Position unterstützen können.

Patient 1

Sie sind oft sehr nervös und schlafen schlecht. Seit Sie regelmäßig Tabletten nehmen, die Ihnen Ihr Hausarzt verschrieben hat, geht es Ihnen viel besser. Sie können nicht verstehen, warum manche Leute sagen, dass Tabletten ungesund sind. Sie glauben nicht daran, dass Ihnen alternative Heilmethoden helfen könnten. Von einem Arzt erwarten Sie eine schnelle Diagnose, wirksame Medikamente und keine langwierige Therapie mit Naturheilverfahren. Deshalb finden Sie auch nicht, dass Krankenkassen die Kosten von alternativen Heilmethoden übernehmen sollten.

Patient 2

Sie hatten monatelang starke Rückenschmerzen und die Spritzen von Ihrem Hausarzt haben überhaupt nicht geholfen. Erst durch eine Akupunkturbehandlung von einem Arzt für Naturheilverfahren wurden Sie von Ihrem Schmerzen befreit. Sie vertrauen der Schulmedizin nicht mehr und suchen jetzt immer nach alternativen Heilmethoden, wenn Sie krank sind. Sie finden, Patienten sollten selbst über die Behandlungsform entscheiden dürfen und Krankenkassen sollten die Kosten immer übernehmen.

Patient 3

Sie leiden schon viele Jahre an Migräne und haben bereits verschiedene Medikamente ausprobiert. Auf Rat einer Ärztin für Naturheilverfahren kombinieren Sie nun Schmerztabletten, Entspannungsübungen und Aromatherapie. Es geht Ihnen jetzt schon viel besser und Sie sind froh, nicht mehr auf Medikamente mit starken Nebenwirkungen angewiesen zu sein. Sie finden es nicht richtig, dass die Krankenkassen die Kosten für solche Medikamente übernehmen, aber Naturheilverfahren wie z. B. Aromatherapie nicht bezahlen.

Arzt 1

Sie behandeln Ihre Patienten nur nach den Prinzipien der Schulmedizin. Alternative Heilverfahren lehnen Sie ab, da Sie an ihrer Wirksamkeit zweifeln. Ihrer Meinung nach sollten die Krankenkassen kein Geld für Naturheilverfahren verschwenden, weil Sie die herkömmlichen Behandlungsformen völlig ausreichend finden.

Arzt 2

Sie haben Medizin studiert und später Weiterbildungskurse für alternative Heilmethoden gemacht.
Sie haben die Erfahrung gemacht, dass Sie Ihren Patienten am besten helfen können, wenn Sie Schulmedizin und Naturheilverfahren kombinieren. Sie finden, dass die Krankenkassen Behandlungen mit alternativen Heilverfahren unterstützen sollten, damit mehr Erfahrungen auf diesem Gebiet gesammelt werden können.

Krankenkasse

Sie arbeiten bei einer Krankenkasse als Expertin für die Kostenübernahme von alternativen Heilmethoden. Sie müssen die Anträge der Patienten immer genau prüfen, weil die Kosten für Naturheilverfahren oft viel höher sind als die der konventionellen Behandlungsformen. Sie haben aber die Erfahrung gemacht, dass alternative Heilmethoden die Schulmedizin sinnvoll ergänzen können, wenn die herkömmliche Behandlung den Patienten nicht weiterhilft oder die Ursache ihrer Krankheit unbekannt ist.

Diskutieren Sie in Gruppen über das Thema „Alternative Heilmethoden oder Schulmedizin? Was ist der bessere Weg zur Heilung?"

Wenn ich im Lotto gewonnen hätte, (dann) …

Gegenwart ***Präteritum (Umlaut?) /*** ***würde + Infinitiv***	**Gegenwart mit Modalverb** ***könnte / müsste*** ***+ Infinitiv***	**Vergangenheit** ***wäre / hätte*** ***+ Partizip II***
Ich bin jetzt froh.	Ich kann mir ein neues Auto kaufen.	Ich habe mich sehr gefreut.
Ich arbeite nie mehr.	Ich kann kündigen.	Ich habe eine große Party gemacht.
Ich lade nächsten Samstag meine Freunde zum Essen ein.	Ich kann eine Weltreise machen.	Ich war glücklich.
Ich lasse endlich meine Wohnung renovieren.	Ich kann mir ein neues Wörterbuch kaufen.	Ich ging nicht zum Deutschkurs.
Ich helfe armen Menschen.	Ich muss mir keine Sorgen mehr machen.	Ich bin mit meinen Freunden in ein teures Restaurant gegangen.
Ich kaufe meinen Eltern ein großes Haus mit Garten.	Ich kann meine Schulden bezahlen.	Ich habe mir viele neue Sachen gekauft.
Ich gehe jeden Tag ins Kino.	Ich muss mich nicht mehr über meinen alten Computer ärgern.	Ich habe alle meine Rechnungen bezahlt.
Ich habe jetzt viel Freizeit.	Ich muss mein Geld gut investieren.	Ich habe viel Champagner getrunken.

Kopiervorlage 3/2

?: Karte von dem Stapel mit Fragen aus D6 ziehen
Satzanfänge: eigenständig einen Wunsch äußern
dunkelgraue Felder: Karte von dem Stapel mit Sätzen aus D6 ziehen bzw. Satz eigenständig ergänzen.

Start →	? →	Es wäre schön, wenn … →	Wenn ich im Lotto gewonnen hätte, … ↓
Wenn ich im Lotto gewonnen hätte, … ↓	? ←	? ←	Hätte ich doch nur … ←
? →	Wäre ich doch nie … →	? →	Wenn ich im Lotto gewonnen hätte, … ↓
Hätte ich doch nicht so oft … ↓	? ←	Wenn ich im Lotto gewonnen hätte, … ←	? ←
? →	Ich fände es toll, wenn … →	Wenn ich im Lotto gewonnen hätte, … →	Ach, würde ich doch nicht so viel … ↓
Ich hätte gern … ↓	Wenn ich im Lotto gewonnen hätte, … ←	Ich würde gern … ←	? ←
Ich wäre gern wie … →	? →	Wenn ich im Lotto gewonnen hätte, … →	☺ Ziel ☺

Kopiervorlage 3/3

⌛⌛: doppelte Zeit
dunkelgraue Felder: um einen Schritt vorwärts zu kommen, müssen zwei Begriffe erraten werden
👂👂: beide Gruppen dürfen mitraten

START ↓	→	👂👂 ↓
↓	↑	↓
⌛⌛ ↓	⌛⌛ ↑	⌛⌛ ↓
↓	↑	↓
⌛⌛ ↓	↑	⌛⌛ ↓
→	👂👂 ↑	ZIEL

SCHREIBWERKSTATT

Was/wer/wie möchten Sie sein? Schreiben Sie einen kurzen Text, der so anfängt:

Ich möchte ... sein. Dann ...

a) Planen

- Überlegen Sie, was, wer oder wie Sie sein möchten, und sammeln Sie Ideen, Assoziationen, Gedanken zu diesem Begriff.
- Welche Begriffe gehören zusammen, welche sind gegensätzlich? Zeichnen Sie Verbindungslinien, Richtungspfeile, finden Sie Unterthemen, passende Verben usw. Beispiel:

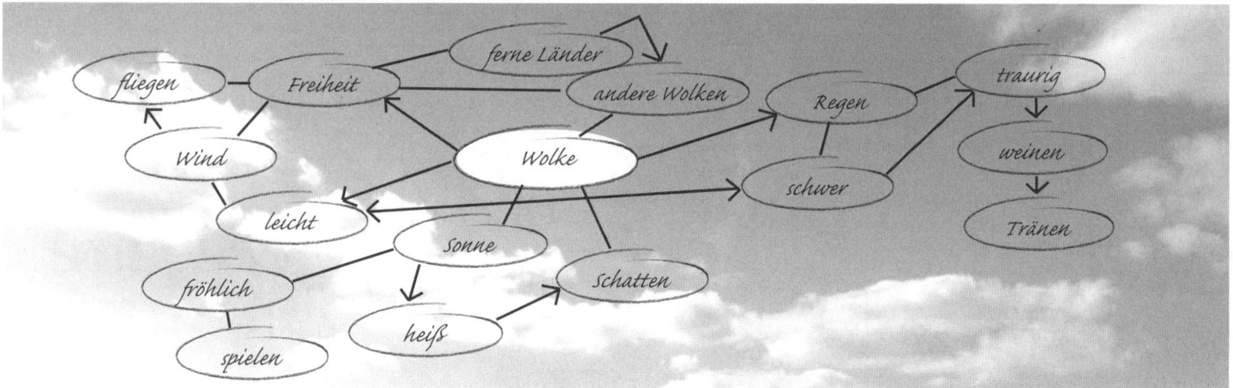

- Ordnen Sie die Notizen eventuell neu:

Wolke

b) Formulieren

- Schreiben Sie mit Hilfe Ihrer Notizen Sätze.
- Bringen Sie die Sätze in eine richtige Reihenfolge. Verbinden Sie die Sätze mit „dann", „(immer) wenn", „meistens", „manchmal", „deshalb", „denn" usw.
- Geben Sie Ihrem Text einen Titel, z. B. „Freiheit" oder „Frei wie eine Wolke".

So ein Text könnte z. B. so aussehen:

Freiheit
Ich möchte eine Wolke sein.. Dann wäre ich unendlich frei. Ich würde mich vom Wind treiben lassen, könnte mir die ganze Welt ansehen und viele andere interessante Wolken aus fernen Ländern kennen lernen. Wir würden uns zusammen tun zu einem riesigen Wolkenberg. Wenn es zu heiß wäre, würden wir den Menschen, Tieren und Pflanzen auf der Erde Schatten geben. Wenn sie Durst hätten, würden wir ihnen zu trinken geben. Meistens wäre ich fröhlich und leicht, und würde mit der Sonne spielen. Manchmal wäre ich aber auch schwer und traurig, und meine Tränen würden auf die Erde fallen und sich mit den Tränen der Menschen vermischen.

c) Überarbeiten

- Lesen Sie Ihren Text noch einmal oder mehrmals langsam durch und korrigieren Sie mögliche Rechtschreib- und Grammatikfehler (z. B. Stellung des Verbs im Nebensatz, Verben im Konjunktiv II).
- Versetzen Sie sich in die Rolle des Lesers und überprüfen Sie: Ist das, was Sie geschrieben haben, verständlich und klar formuliert?

Unterstreichen Sie in Ihrem Text die zehn wichtigsten Wörter und schreiben Sie mit diesen Wörtern ein kleines Gedicht, z. B. so:

Wolken
Sich vom Wind treiben lassen
Fröhlich mit der Sonne spielen
Schwere Tränen weinen
Mal fröhlich, mal traurig sein –
Aber frei!

sicherer Arbeitsplatz	Verdienst	Betriebsklima/ gutes Verhältnis zu Kollegen
Aufstiegs-möglichkeiten	Arbeits- und Gesundheits-schutz	geregelte Arbeitszeit
abwechslungs-reiche Tätigkeit	Teamarbeit	Bezahlung von Überstunden
Weiter-bildungs-möglichkeiten	Verant-wortung	familien-freundliche Arbeitszeit

Was am Arbeitsplatz zählt
Von je 100 Befragten bezeichnen als sehr wichtig:
(Mehrfachnennungen)
Sicherer Arbeitsplatz 78
Betriebsklima 67
Verdienst 65
Bezahlung von Überstunden 52
Arbeits-, Gesundheitsschutz 51
Geregelte Arbeitszeit 48
Teamarbeit 44
Abwechslungsreiche Tätigkeit 42
Familienfreundl. Arbeitszeit 37
Verantwortung 37
Weiterbildungsmöglichkeiten 36
Aufstiegsmöglichkeiten 35
Wenig Stress 33
Viel Freizeit 29
Quelle: polis, IG Metall Stand 2001
© Globus
7418

Kopiervorlage 4/3

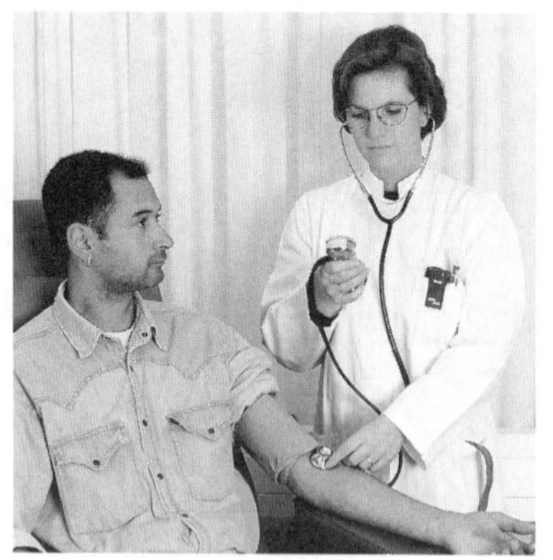

	Feminin	Maskulin	Neutrum	Plural
Nominativ	**die** Karriere	**der** Beruf	**das** Gehalt	**die** Kollegen
Akkusativ	**die** Karriere	**den** Beruf	**das** Gehalt	**die** Kollegen
Dativ	**der** Karriere	**dem** Beruf	**dem** Gehalt	**den** Kollegen
Genitiv	**der** Karriere	**des** Berufs	**des** Gehalts	**der** Kollegen

Bilden Sie Sätze mit den Wörtern aus der Tabelle und folgenden Ausdrücken:

(nicht) wichtig sein + NOM ◆ (nicht) wichtig finden + AKK ◆ (nicht) brauchen + AKK ◆ (nicht) lieben + AKK ◆ nutzen + AKK, um … zu ◆ (nicht) vertrauen + DAT ◆ sprechen von + DAT ◆ viel verdanken + DAT ◆ weiter helfen + DAT ◆ am Anfang + GEN ◆ die Höhe + GEN ◆ die Wahl + GEN ◆ die Zuverlässigkeit + GEN

Beantworten Sie die Fragen bzw. formulieren Sie Aussagen.

Was brauchen Sie in Ihrem Traumjob?	Als Anwalt *(keine Uniform tragen)*	Computer?	Als Schauspieler *(nicht immer früh aufstehen)*	Als Journalist … *(Flexibilität)*	Ziel
Als Bürokauffrau *(kein handwerkliches Geschick)*	Als Handwerker *(nicht kreativ sein)*	Computerkenntnisse?	Als Taxifahrer … *(Führerschein)*	Führerschein?	Als Tankwart *(keinen eigenen Schreibtisch)*
Als Programmierer … *(Computerkenntnisse)*	Was brauchen Sie in Ihrem Traumjob nicht?	Als Verkäuferin *(nicht reisen)*	Wie müssen Sie in Ihrem Traumjob sein?	Fremdsprachenkenntnisse?	Als Firmenchef *(niemand um Erlaubnis fragen)*
Wie brauchen Sie in Ihrem Traumjob nicht zu sein?	Als Reiseleiter … *(gute Fremdsprachenkenntnisse)*	Was brauchen Sie in Ihrem Traumjob nicht zu tun?	Als Gärtner … *(nicht im Büro arbeiten)*	Als Personalchef … *(Menschenkenntnis)*	gute Nerven?
Start	Als Lehrer … *(viel Geduld)*	Organisationstalent?	Als Polizist … *(gute Nerven)*	Was müssen Sie in Ihrem Traumjob tun?	Als Mechaniker … *(keine Berichte schreiben)*

SCHREIBWERKSTATT

Was für Arten von Briefen gibt es? Über welche freut man sich, über welche nicht? Machen Sie Notizen.

Urlaubsbriefe, Reklame ...

Lesen Sie den folgenden Text.

Verwirrung (nach Rafik Schami)

Ich bewundere alle Postbotinnen und Postboten der Welt. Und weil viel zu selten jemand eine Hymne auf ihren Beruf anstimmt, will ich es tun. Ich könnte nicht ohne sie leben. Kein Brief aus meiner Heimat, den ich lese, an dem ich rieche und zur Kühlung meiner Wunden in der Hand wedele, würde mich je erreichen. Welche Geduld, welche Ausdauer müssen sie haben! Manchmal bekomme ich Briefe, die wurden offensichtlich von Hühnern im Laufschritt adressiert.

Ich schaue unserer Postbotin nach und bewundere sie, dass sie bei minus 20 Grad immer noch Post für mich austrägt und trotzdem noch gute Laune hat.

Als Kind wollte ich Räuber, Schriftsteller, Schauspieler, Kapitän oder Lokomotivführer, nie aber Postbote werden. Warum eigentlich? Postboten dürfen alles sein: böse und hilfsbereit, unverschämt, freundlich, wütend, geduldig, cholerisch und lieb. Alles, doch niemals dürfen sie neugierig sein. Nicht mal ein bisschen. Sie dürfen nicht einmal ahnen, was in den Briefen steht, die sie verteilen, sonst werden sie ganz schnell verrückt.

So geschah es einmal dem Postboten D. Er begann, sich Gedanken zu machen. Brief um Brief. Täglich. Zu allem, was er zustellen musste. Er überlegte, was der Inhalt sein könnte und beobachtete dann an den folgenden Tagen die Leute, ob sich an ihnen zeigte, dass seine Vermutungen richtig waren. Das tat er fünf Jahre lang. ...

Wie könnte es weitergehen? Schreiben Sie ein Ende für die Geschichte.

a) Planen

- Es ist wichtig, dass Sie bereits eine Idee im Kopf haben, bevor Sie anfangen zu schreiben. Notieren Sie in Stichwörtern, wie die Geschichte weitergehen könnte.
- Schauen Sie noch einmal in den Text: Aus welcher Perspektive wird die Geschichte erzählt? Spielt sie in der Gegenwart oder in der Vergangenheit? Wie müsste sie weitergehen (im Präsens, Perfekt oder Präteritum)?

b) Formulieren

- Schreiben Sie das Ende der Geschichte mit Hilfe Ihrer Notizen. Es sollte nicht zu lang sein.
- Machen Sie kurze, einfache Sätze.
- Verbinden Sie die Sätze mit „dann", „als", „meistens", „manchmal", „deshalb", „aber" usw.

c) Überarbeiten

- Lesen Sie Ihren Text noch einmal oder mehrmals langsam durch und korrigieren Sie mögliche Rechtschreib- und Grammatikfehler (z. B. Stellung des Verbs im Nebensatz, Verben im Präteritum).
- Versetzen Sie sich in die Rolle des Lesers und überprüfen Sie: Ist das, was Sie geschrieben haben, verständlich und klar formuliert?

Wenn Sie noch Lust haben, dann schreiben Sie die Geschichte noch einmal, diesmal aber aus der Perspektive einer anderen Person.

Erzähler/in könnte z. B. sein:

- der Postbote D. selbst
- ein Briefempfänger / eine Briefempfängerin
- die Frau des Postboten D.
- ... ?